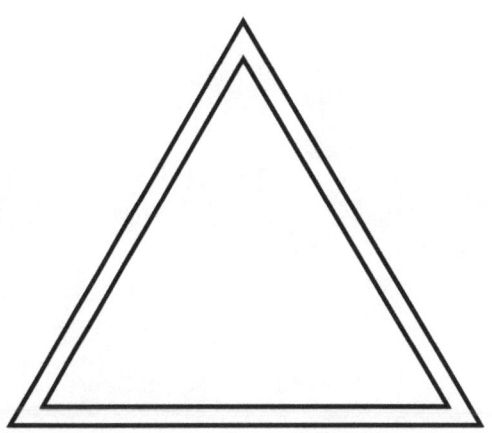

Dieses Buch ist mit der Zustimmung und dem Segen
von Joao de Deus entstanden.

Dieses Buch ist den Wesen der Heilung von Abadiânia gewidmet.

Ich danke ihnen aus ganzem Herzen
für ihre Bereitschaft zur Kommunikation.

Möge ihre Botschaft, dass wir alle miteinander verbunden sind in der
Menschenwelt verstanden und gelebt werden.

Impressum

© 2014 by Silverline Publishing
Herstellung: BoD – Books on Demand
Cover- und Buchgestaltung: Anja Jakob
Lektorat: Birgit Groll, Benediktbeuern;
www.birgit-groll-coaching.de

2. Auflage 2015

ISBN: 978-9962-702-04-7

Kontaktinfo Sylvia Leifheit
www.sylvialeifheit.de
contact@silverline-publishing.com
www.facebook.com/SylviaLeifheit
www.worldangels.de/users/anajara

Bücher aus der Silverline Publishing gibt es in jeder Buchhandlung und in den bekannten Online-Shops

Alle Rechte vorbehalten

In Gedenken
an Chico Xavier

Inhaltsverzeichnis

Infos zur Casa de Dom Inacio	9
Einleitung	12
Über die Vermittlerin	13
Einführung in die kosmischen Gesetze	17
Die Welten	20
Beipackzettel	22

Kapitel 1 - Interviews

Dom Inacio de Loyola	26
Die weißen Kugeln	52
Dr. Valdivino	62
Dr. Augusto	82
Franz Xavier	128
Jose Pereidos	143
Chico Xavier	154
Oswaldo Cruz	171
König Salomon	189
Jesus	215
Bezerra de Menezes	220
Schwester Sheila	229
Euripides Barsanulfo	238
Amor	252
Emanuel	259
Die leise Form	272
Dom Ingrid	276
Eso	288

Kapitel 2 - Praktisches

Der Casa Guide	294
Das Kristallbett	312
Der Wasserfall	319
Beten und Wünschen in der Casa	324
Nachwort	331

„Bewusstsein und Liebe sind feinstoffliche Elemente,
wie Feuer, Wasser, Luft und Erde Elemente unseres Planeten sind."
Sylvia Leifheit

In der brasilianischen Stadt Abadiânia lebt und wirkt seit mehreren Jahrzehnten das Medium und der Heiler Joao de Deus.

Tausenden von Menschen wurde durch die Hilfe von „Wesenheiten", die in Joao inkorporieren, Heilung ihrer seelischen und körperlichen Leiden zuteil.
Die Behandlungen, die die Wesenheiten durch Joao de Deus an den Patienten vollziehen, sind oftmals körperlicher Natur (visuelle Operationen) oder Heilungen seelischer Natur (physische Operationen)

In der „Casa" gibt es mehrere verschiedene Stationen, in denen sich die Hilfesuchenden aufhalten können. Es gibt mehrere Behandlungsreihen, so genannte „Lines", in denen sich die Patienten nach unterschiedlichen Kriterien gereiht auf ihre Begegnung mit dem Medium vorbereiten. Außerdem gibt es den „Raum der Medien", auch „Current" genannt, in dem sich mehrere Menschen aufhalten, die mit ihrer mehrstündigen Meditation das Energieniveau der Casa „hochhalten". Eine weitere Behandlungsart findet sich in den Räumen, in denen die Patienten auf „Kristallbetten" liegend energetische Heilungen erhalten.

Die Resultate unzähliger Heilungen sind mit Hilfe der westlichen Wissenschaft nachprüfbar belegt.
Die Wesenheiten, die durch Joao de Deus heilen, sind zum Beispiel Dom Inacio de Loyola, Dr. Augusto, Dr. Valdivino etc.

Ich selbst besuchte Abadiânia zum ersten Mal im Jahr 2012 um Heilung für eine Augenproblematik zu erbitten. Schon bei diesem ersten Besuch erhielt ich die Durchsage einer Wesenheit, dass ich eine Gabe entwickeln würde.

Zu diesem damaligen Zeitpunkt konnte ich mit dieser Formulierung noch nichts Konkretes verbinden, da die Aussage keine weiteren Details enthielt.

Als ich jedoch einige Tage später in Abadiânia eine Behandlung in einem der „Kristallbetten" erhielt, begann ich plötzlich klare und deutliche Sätze zu „empfangen".

Die Wesenheit Dom Inacio erklärte mir, dass ich die Gabe erhalten hatte, mit den feinstofflichen Energiewesen zu kommunizieren. Er forderte mich auf, diese Gabe zu nutzen, um mit den „Wesen der Heilung von Abadiânia" in Kommunikation zu treten.

Diese Wesenheiten erhalten nun die Möglichkeit, auf Fragen zu ihrem Wirken Antworten zu geben. Diese Kommunikation war etwas völlig Neues. Bislang hatten sich die Wesenheiten in den Operationen und seelischen Heilungsprozessen ohne verbale Kommunikation zu erkennen gegeben.

Im Laufe der einzelnen Interviews begann sich sehr schnell zu zeigen, dass die „Wesen der Heilung" wichtige Aussagen zum Verhalten der Menschen machen konnten. Diese Aussagen betreffen einerseits Hinweise auf das richtige Verhalten in der Casa in Abadiânia - andererseits sind es auch Aufrufe an die Menschen, wie sie ihr Leben im Bewusstsein der Heilung verbringen können. Auch Kommentare zu den sozialen, politischen und religiösen Institutionen der Menschheit sind in den „Interviews" der Wesen aus Abadiânia enthalten.

Dieses vorliegende Buch ist der Beginn einer Reihe von Gesprächen mit Wesenheiten der feinstofflichen Ebenen, denen in den nächsten Zeiten noch weitere folgen werden.

Ich hoffe und wünsche, dass die Botschaften, die diese Gespräche enthalten, dazu beitragen können, das Bewusstsein für die geistigen Welten zu erwecken und zu fördern.

Sylvia Leifheit
2014

Einleitung

Das Leben ist dazu da, in Freude schöne Erfahrungen zu machen und im besten Fall nur Liebe zu geben. Jedes andere Gefühl, das nicht mit Liebe unterstrichen ist, und jede Tat, die nicht aus einem liebenden Herzen entsteht, ist nicht im Einklang mit dem Kosmos und wird Resonanzen hervorrufen, die sich vielleicht in Krankheit oder anderen negativen Erfahrungen widerspiegeln werden.

Tatsache aber ist, dass es keinen Grund gibt, nicht im Einklang mit den Gesetzen zu handeln. Nicht einmal das Vergessen, das mit der Wahrnehmungsveränderung im Inkarnationsprozess einhergeht, darf die Verantwortung von uns nehmen - im Gegenteil. Jeder Mensch ist für sich selbst und seine Taten verantwortlich. Also muss auch jeder Mensch in dieser Eigenverantwortung den Prozess der Erkenntnis und damit der Reinigung ganz alleine durchwandern. Niemand kann ihm das abnehmen.

Lediglich um kosmische Hilfe können wir bitten, doch auch diese kann nur dort wirken, wo wir wirklich dazu bereit sind.

*

Über die Vermittlerin

Seit meiner frühen Kindheit bereise ich andere Welten. Wenn ich aus meinem Körper „heraustrat", war das oft verbunden mit dem Gefühl, als würde man mir einen Panzer abnehmen. Ich fühlte mich federleicht und frei von allen Zwängen des weltlichen Seins. Kehrte ich dann wieder zurück, fühlte es sich an, als würden mir tausend Tonnen schweres Blei um den ganzen Körper gelegt werden und alles wurde beklemmend und unangenehm heiß. Schon früh begann ich die Erlebnisse in den anderen Wahrnehmungswelten aufzuzeichnen.

Doch im Laufe der Jahre wuchs der Druck der „Armee Menschheit", wie ich sie nenne, mich doch den Regeln und Gesetzen des irdischen Seins anpassen zu sollen. Eingebunden in feste Strukturen fügte ich mich dem, und mit jedem Tag, an dem ich meine Gedankenfreiheit aufgab, verschwand meine Fähigkeit des Bereisens anderer Bewusstseinsebenen.
Bis ich sie fast vergessen hatte.

Doch eines Tages, inmitten einer ganz normalen Nacht, erinnerte sich meine Seele wieder an den Zustand der Freiheit. Das Tor wurde wieder geöffnet und ich schwor mir, von nun an nie wieder die Wahrnehmung der Getrenntheit, die die Menschen leben, als meine eigene Wahrnehmung zu akzeptieren.

In meiner Wahrnehmung gab es nie eine Trennung zwischen den Menschen und den feinstofflichen Energien. Im Gegenteil. Die Menschen kamen mir immer wie die Schüler einer Vorschule vor, die auf ihre sehr unbewusste und vernebelte Art versuchten, die Welt zu beherrschen, dabei jedoch noch nicht einmal das ABC konnten. Dementsprechend missverständlich betrachteten sie meine Art zu denken und zu handeln - bis ich es aufgab, die Gedanken zu teilen. Die Lieblosigkeit der Menschen ist vielfältig und ich hatte schlicht und ergreifend keine Lust mehr, sie zu provozieren. Also tat ich einerseits so, also sei ich Teil der „nie hinterfragenden und immer nur alles ausführenden Armee Menschheit" und andererseits erweiterte ich meine Gabe von Jahr zu Jahr immer mehr.

So lebte ich in dauerhafter Kommunikation mit Elfen, Zwergen, Engeln, Meistern, Lehrern, Schutzgeistern, Verstorbenen, hohen Energien aus Ebenen, die keinerlei Form mehr kennen -und so vielen mehr. Sie waren und sind Teil des Ganzen - wie wir alle Teil eines Ganzen sind.

Eine mich immer begleitende Kraft ist meine Neugier. Und vor allem ist es die Neugier, den Kosmos zu „verstehen". Wie eine feinstoffliche Wissenschaftlerin nutze ich meine Gabe der Kommunikation mit feinstofflichen Energien, um von ihnen Wissen zu erfahren. Nichts was ich jemals geschrieben habe oder schreiben werde, habe ich in anderen Büchern gefunden. Die Suche dort nach Antworten habe ich sehr schnell aufgegeben, da ich niemals eine derartige Vielfalt an Erklärungen für die wirkliche Ganzheit fand, wie ich sie erfuhr, wenn ich mit den feinstofflichen Energien Kontakt aufnahm.

Der Weg ist das Ziel und so hat mich der Forschergeist in mir immer weiter und weiter geformt, bis ich eines Tages vor Joao de Deus stand, weil ich selbst aus den feinstofflichen Welten bis dato keine Antwort bezüglich meiner immer schwächer werdenden Augen finden konnte. Also hoffte ich, dass mir dort geholfen würde. Das wurde es, doch wie ich jetzt weiß, waren meine Augen nur ein Anker in eine Richtung, die

ES in mir leben wollte. Denn ziemlich gegen Ende meiner ersten Reise zu Joao und den Wesenheiten sprach die Wesenheit aus ihm: „Du wirst eine Gabe entwickeln."

Für den Leser dieser Zeilen mag das nicht sehr „besonders" klingen, doch für mich bedeutete dieser eine kleine Satz die Welt. Denn ich wusste, es gibt jemanden, der meine Fähigkeit erkannte und mich sogar auch noch darin bestätigte. Endlich. Ich fühlte mich wie ein Kind, das sich schon damit abgefunden hatte, immer alleine mit sich auf der Welt zu sein und das nun von jemandem an die Hand genommen wurde, der ohne Worte genau wusste, was des Rätsels Lösung war. Deshalb war dies nicht nur irgendein Satz für mich, sondern die Bestätigung, wieder mehr zu dieser Fähigkeit zu stehen und sie noch deutlicher zu leben.

Von da an veränderte sich meine innere Haltung mit jedem Schritt und jeder Antwort aus der geistigen Welt. Ich entwickelte mich zu einem Menschen, der die Verbindung mit allem bewusst erfährt und lebt und in dauernder Kommunikation mit anderen Ebenen und deren Energieformen steht.

Und damit war der Startschuss gegeben, das erste Buch mit dem bis damals erfahrenen Wissen zu veröffentlichen. Das 1x1 des Seins fasst dieses Wissen zusammen und soll so einen ersten Einblick in die Ewigkeit geben, wie sie sich meinem forschenden Geist, seit ich denken kann, offenbart. Jeder, der sich für das Wieso, Weshalb, Warum des Kosmos interessiert, findet dort die Antworten.

Doch um den Leserinnen und Lesern dieses Buches eine kleine Grundlage mit auf den Weg zu geben, will ich eine kleine Einführung in die kosmischen Gesetze geben, wie ich sie von den Wesenheiten der anderen Ebenen gelehrt bekommen habe. Das kann helfen, die kommenden Kommunikationen mit den Wesenheiten besser zu verstehen und einzuordnen. Daher bitte ich, dies vor den Botschaften der Wesenheiten von Abadiânia sorgfältig zu lesen.

Einführung in die kosmischen Gesetze

Der Kosmos ist Energie.
Alles Sein ist eine Form von Energie und befindet sich daher dauerhaft in einem Prozess der Wandlung, denn Energie kann nicht vergehen, sie verwandelt sich und damit auch ihre Formen.

Kosmische Energie hat ein Bewusstsein.
Anders als die durch Maschinen erzeugte Energie, ist die kosmische Energie aus einer Quelle entstanden und wird auch immer wieder zu ihr zurückkehren.

Diese Quelle ist eine nicht zu beschreibende Kraft.
Diese Kraft ist reines Bewusstsein ohne Form.

Die Seele ist die „erste Form" der Energie der Quelle. Sie nutzt die unterschiedlichen Energiezustände im Kosmos, um das Bewusstsein mit Erfahrung zu formen.

Für die Erfahrungen wählen die Energien unterschiedliche Formen. Eine Form ist das Inkarnieren in den menschlichen Organismus.

Energien können verunreinigen. Sind sie rein, nehmen sie die Ganzheit mit ihrem Bewusstsein wahr, sind die verunreinigt, ist die Wahrnehmung getrübt.

Verunreinigung geschieht beispielsweise im Inkarnationsprozess, durch falsche Nahrungsaufnahme oder aufgrund falscher Gedankenmuster.

Dies führt dazu, dass der kosmische Energiefluss im menschlichen Körper blockiert wird.

Diese Blockaden/Verunreinigungen sind dann die Ursachen für Krankheiten aller Art. Geistiger wie körperlicher Natur.

Die Reinigung des organischen Körpers sowie die Reinigung der Energie ist eine unverzichtbare Grundlage und obliegt der Verantwortung eines jeden Einzelnen.

Der Ausgleich ist fester Bestandteil der Reinigung. Nur dort, wo Energien ausgeglichen wurden, kann Heilung beginnen.

Der eigentliche Heilungsprozess wird durch den wieder gesunden Energiefluss im Körper eingeleitet.

Der Körper ist durch die Verbindung seiner seelischen Energie in ihm stets von der Energiezufuhr aus dem Kosmos „abhängig". Wird die Verbindung in den Kosmos gestärkt, so steigt die Lebenskraft im Körper und damit auch seine Heilkraft.

Jedes Lebewesen, jede Pflanze, jede „Form", die der Kosmos hervorgebracht hat, ist aus der Energie der Quelle entstanden und auf ewig mit ihr verbunden. Diese Verbindung ist immerdar, doch wird sie durch die Verunreinigung des Bewusstseins oftmals gar nicht mehr wahrgenommen. Das ist die Ursache für negative Gefühle wie zum Beispiel Depression, Einsamkeit, Angst und Hass.

Mit jedem Grad der Reinigung verändert sich die Wahrnehmung und all diese Symptome verschwinden. Gleichzeitig steigt die Wahrnehmung der Ganzheit. Feinstoffliches wird sichtbar.

Der Kosmos ist unendlich. Dennoch ist es für uns Menschen hilfreich, eine grobe Übersicht der „wichtigsten" Zustände zu kennen. Ich habe das in diesem Buch meiner bisherigen Wahrnehmung gemäß katalogisieren können.

Ist die Wahrnehmung getrübt durch Verunreinigung des Bewusstseins, bringt die schöpferische Kraft, geleitet durch unseren freien Willen, das Ego hervor. Ein Teufelskreis beginnt. Das Ego lenkt uns immer weiter aus der Verbindung in die Erfahrung der Getrenntheit hinein.

Jede kosmische Energie besitzt Bewusstsein und dieses handelt in Form eines freien Willens.

Die Erfahrung von Liebe ist die Erfahrung der Verbindung. Wer liebt, ist verbunden, wer verbunden ist, heilt.

Ausführliche Beschreibungen und Erklärungen zu diesen Themen findest du in meinem Buch: *Das 1x1 des Seins*

Die Welten

Die Quelle
ist die Sphäre hinter, vor, über, unter und inmitten aller Materie. Sie ist der höchstschwingende Zustand und damit erreichbar von überall. Jede Energie kann den Zustand der Quelle erreichen (zu ihr zurückkehren). Da alle Energieformen mit dieser Quelle immer verbunden sind, ist sie nicht als Ebene einzuordnen, sondern als alles durchdringende Allkraft.

Etwas anders ist das bei den anderen Ebenen, die ja folglich auch nur Teile der Quelle sind, weil sie aus ihr heraus entstehen.

Die 7. Welt
ist die Ebene der ersten Form. Hier entstehen kleinere Energieeinheiten aus dem großen Meer an Energie. Die individuelle Energieeinheit „Seele" entsteht.

Die 6. Welt
ist die erste Ebene, in der die Formen soweit geformt sind, dass es möglich ist, sie zu kontaktieren und sich mit ihnen auszutauschen. Hier befindet sich die „Weise Bruderschaft", mit denen ich sehr engen Kontakt pflege und deren Wissen ich festhalte.

Die 5. Welt
ist die Ebene der Stabilisation. Hier sind Wächter- und Meisterenergien zur Stelle, die kosmische Verunreinigungen reinigen, die nicht an eine Seele gebunden sind. Sie lenken durch Ausgleichsenergien die Harmonie allen Seins. König Salomon ist eine der Energien, die aus dieser

Ebene wirkt. Die Weise Bruderschaft wirkt ebenfalls mit den Wesen dieser Ebene zusammen, wenn es nötig ist.

In der 4. Welt
finden sich „Meisterenergien der besonderen Qualitäten", die archivierend, stabilisierend und helfend in den kosmischen Prozess eingreifen. Die meisten der Wesenheiten von Abadiânia wirken aus dieser Ebene. Die Weise Bruderschaft nutzt auch diese Energien, um zu wirken. Insgesamt ergibt dieses große Kraftfeld das, was die Menschen als „weiße Energie" bezeichnen.

Die 3. Welt
ist die Welt der uns bekannten Meister.

Die 2. Welt
ist die Welt der Energien, die die Menschen gerne als Engelenergien bezeichnen.

Die 1. Welt
ist die Welt der Verstorbenen. Hier finden sich helle Zustände sowie dunkle Bereiche. Welcher Bereich nach dem Übergang wahrgenommen wird, entscheidet ausschließlich die Reinheit des Geistes.

Beipackzettel

Meine Gabe ist es, Energien so stark zu „fühlen", als seien sie Teil meines Körpers. Jeder noch so kleine Muskel wird dabei durch diese feinstofflichen Energien gelenkt. Ich habe im Laufe der Zeit durch viele Übungen einen Weg gefunden, das Wissen dieser Energien so zu kanalisieren, dass es für uns verständlich wird. Dabei begebe ich mich in einen meditativen Zustand, vollziehe bestimmte Regeln des Schutzes und dann lasse ich die jeweils erfühlte Energie durch die Bewegung meiner Muskeln schreiben. Im wahrsten Sinne des Wortes schreiben sich die Buchstaben einer nach dem anderen von Geisterhand. Nie weiß ich, wenn der erste Buchstabe sich schreibt, welches Wort sich schließlich formen will. Dies fordert meine vollste Hingabe und Konzentration, doch ist dieser meditative Zustand gleichzeitig sehr entspannend und gibt mir unendlich viel Kraft. Die kosmische Energie, die dabei ungebremst durch mich fließt, nimmt mir keine Kraft sondern erfüllt mich ausschließlich mit einem sehr weiten, unendlichen Gefühl an Liebe und Vertrauen.

Die Antworten des Kosmos fließen sehr schnell im Vergleich zu unseren menschlichen Abläufen, sodass ich im Laufe der Zeit diese Art des „Schreiben lassens" etwas verfeinern wollte und einen Weg fand, der nicht mehr an das Schreiben auf Papier gebunden ist, sondern die Finger in der Stellung eines bestimmten Mudras ohne Stift bewegen läßt

Ich befinde mich während der Gespräche in einer anderen Wahrnehmung, die derjenigen ähnlich ist, wenn wir träumen. Das hat „leider" zur Folge, dass ich mir keine der Antworten merken kann. Und da sich die Botschaften nun nicht mehr auf Papier schreiben, spreche ich das, was sich schreibt, gleichzeitig laut aus und lasse dabei immer ein Band laufen. Das ermöglicht, dass ich einerseits jede einzelne Antwort wortgenau festhalten kann und gleichzeitig ermöglicht es eine vielfachere Geschwindigkeit. als die, wenn die Botschaften sich über einen Stift und der möglichen Bewegung auf dem Papier festhalten würden. Du liest daher den direkten Dialog, genau so wie er sich schrieb. Ich werde und darf die Antworten der Wesenheiten niemals verändern, da ich als Kanal diene und nicht als wertender Filter. Das eine oder andere Mal mag es etwas ungewohnt sein, einen mündlichen Dialog zu lesen, doch es vermittelt gleichzeitig auch ein Gefühl für das jeweilige Wesen.

Das bisher kommunizierte Wissen über Energien, Geister, Verstorbene, den Tod, das Leben danach und noch vieles mehr, wird von den Wesenheiten ganz anders wahrgenommen. Die Durchsagen fordern daher von den Lesern auch eine gewisse Bereitschaft, die alten Formen in Frage zu stellen.

- Wesenheiten fühlen nicht wie Menschen, doch sie fühlen - auf ihre Art!

- Wesenheiten werten nicht wie Menschen, doch sie sind die Sammlung all ihrer Erfahrungen und sie berichten aus den Erinnerungen der Gefühle dieser Erfahrungen. Oftmals war ich emotional überwältigt von der Wucht der Gefühle, die sie ausstrahlen und übermitteln. Ich habe versucht, diese Gefühle in den Dialog mit einzuflechten, um auch dich an diesen Gefühlen teilhaben lassen zu können. Das verbindet dich noch leichter mit ihnen.

- Wesenheiten nehmen zwar aus einer anderen Wahrnehmung war als wir Menschen, doch sie sind deshalb nicht allwissend. Oftmals erfahren wir eine ganz andere Sichtweise als die bisher kommunizierte. Zum Beispiel ist es falsch übermittelt, dass die Wesen alle Vergangenheit, Gegenwart und Zukunft eines Menschen sehen können. Dazu erklären sie uns mit ihren Worten, warum das nicht so ist. Sie sehen die Energien und lesen aus ihnen, nicht mehr und nicht weniger.

- „Seelensprache braucht keine Worte" ist ein Zitat von Dr. Augusto, das dir verdeutlichen soll, dass es teilweise sehr schwer war für die Wesenheiten, die richtigen Worte zu übermitteln. Die Kommunikation geschieht auf vielen Ebenen gleichzeitig und oftmals nahmen sie lieber ein Bild zu Hilfe, ein andermal ein Gefühl. Doch da wir hier im Dialog miteinander waren, der nachlesbar sein soll, musste ich durch mehrmaliges und immer genaueres Hinterfragen die Essenz der eigentlichen Botschaft herausziehen. So lange, bis sie wirklich nachvollziehbar und gut verständlich für jedermann in Worte geschrieben war. Das hat manchmal etwas gedauert, aber es war wie ein Zu-einander-finden und hat gleichzeitig die Verbindung zu dem jeweiligen Wesen gestärkt.

- Wenn du dich öffnest, kannst du über das Lesen der Botschaften einer jeden einzelnen Wesenheit die Verbindung zu dieser finden und stärken.

- Alle Wesenheiten sind geschlechtslos, doch erinnern sie sich gerne je nach Themenkreis an die eine geschlechtliche Form als Mensch, die Ihnen die Erfahrung schenkte, welche die jeweiligen Fragen am besten beantworten kann.

Ich wünsche dir viele erweiternde Erkenntnisse und vielleicht auch die Antworten auf schon lange unbeantwortete Fragen. Wenn du wirklich bereit bist und dich öffnest, wirst du sie hier finden!

∞

Interviews

Dom Inacio de Loyola – Sankt Ignatius von Loyola

„Für diejenigen, die glauben, ist keine Erklärung notwendig, für diejenigen, die nicht glauben, ist keine Erklärung möglich."

Einige Biographen gliedern sein Leben in vier Phasen:

Erste Phase - weltliche Sorgen
Als Sohn einer vornehmen Familie, körperlich und intellektuell sehr begnadet, verbrachte er seine Jugend als adliger Edelmann im Umfeld des Hofes von Castilha. In dieser Phase überwog eine kriegerische Neigung, er identifizierte sich über seinen Mut, seine Tapferkeit und seine edlen Taten. Als militärischer Kommandant im Krieg gegen die Franzosen führte er die Verteidigung der Stadt Pamplona, als er von einer Kanonenkugel getroffen wurde, die ihm eines seiner Beine brach und das andere verwundete. Die Festung, in welcher er sich befand, wurde von den Franzosen eingenommen. Er wurde zusammen mit seinen Soldaten gefangen genommen und in Anerkennung seines Edelmutes und seiner Tapferkeit wieder freigelassen. Wegen seiner Verwundung musste eine Operation durchgeführt werden, um die Knochen zurechtzurücken, was ihn an die Pforten des Todes brachte, und ihm wurden die Sterbesakramente erteilt. Nach der Operation hinkte er.

Zweite Phase - Spirituelle Neuorientierung
Um keine körperliche Behinderung zu behalten, unterzog er sich einer zweiten, nicht weniger schmerzhaften Operation.
Während seiner langen Genesungszeit las er viel. Die einzigen Bücher, die es im Schloss gab, behandelten das „Leben Christi" und das „Leben der Heiligen". Nach und nach änderte er sich, verschmähte die materiellen Güter, gab seine Gedanken der Erhabenheit und die Sehnsucht nach den Freuden des Hofes auf, begann über das Leben zu meditieren und entwickelte immer mehr ein Gefühl für Spiritualität. Er verließ seine Familie, nahm endgültig den Glauben an und tauschte die Gewänder des Edelmannes gegen ärmliche Kleider ein. Vom tapferen Hauptmann verwandelte er sich in einen Bettler. Er litt unter vielen Demütigungen und wurde aufgrund seiner Kleidung „Bruder Sack" genannt. Sein großmütiges Verhalten berührte die Menschen, die zu ihm kamen, um ihn zu sprechen und um Rat zu bitten.
So begann seine Mission als Prediger.

Dritte Phase - Späte Verwirklichung seiner religiösen Studien
Anfangs in Barcelona, dann in Salamanca, widmete er sich den Studien, der Predigt und der Bekehrung von Sündern. Von der Inquisition gefangen genommen und angeklagt, erhielt er die Absolution und wurde freigelassen, um öffentlich zu predigen. Er ging nach Paris, um seine Studien weiterzuverfolgen, lateinisierte dort seinen Namen Inacio in Ignatius und erhielt den Titel eines Meisters. In Paris gelang es ihm, eine Gruppe von Gefährten um sich zu scharen, von denen Pedro Fabre, Francisco Xavier und Diogo Lanez die bekanntesten sind.

Vierte Phase - Gründung der Gemeinschaft Jesu
Die Heiligkeit von Ignatius wurde schnell bekannt, besonders unter den jungen Menschen, von denen er auf der Suche nach spiritueller Führung

aufgesucht wurde. Mit der Gruppe, die bereit war, ihm zu folgen, gründete er die erste Gemeinschaft im Jahr 1534, genannt „Gemeinschaft Jesu" (Jesuitenorden). Er besaß die Gabe zu heilen und vollbrachte wahre Wunder an jenen, welche ihn um spirituelle Hilfe baten. Seine Schüler predigten auf öffentlichen Plätzen in zahlreichen Städten Italiens. Nach langen Jahren des Wartens wurde die Gemeinschaft Jesu im Jahr 1540 durch Papst Paul III. als religiöser Orden anerkannt. Er erfüllte eine große Mission als Prediger, vermehrte die religiösen Häuser und initiierte Missionare auf allen Kontinenten, so auch in Brasilien, wo die Gemeinschaft Jesu geschichtlich unter der Leitung von Padre Manoel da Nóbrega eine große Bedeutung erlangt hat.

(Quelle: Spirituelle Heilung, Ismar E. Garcia)

Dom Inacio de Loyola - Sankt Ignatius von Loyola

Interview

Liebe Wesenheit, die die Menschen unter Dom Inacio anrufen, ich freue mich, dich zu kontaktieren. Du hast mir die Aufgabe gegeben, dieses Buch hier zu schreiben ... Nun ist es soweit, ich bin hier und du kannst gerne beginnen, den Menschen deine Botschaften zu übermitteln.

Ich freue mich sehr, dass du meinem Ruf gefolgt bist. Die Menschen brauchen Reinigung.

Und dieser Ort ist ein sehr reiner Ort, richtig?

Ich bin die Leiden der Menschen leid gewesen und habe einen Ort gesucht, der die Voraussetzung bietet, um zu inkorporieren.

Dom Inacio, wie darf ich mir das vorstellen, aus deiner Perspektive? Wie findet man so einen Ort? Als Mensch stellt man sich vor, der Geist fliegt über die Erde und sucht und sucht ...wie ist das bei dir abgelaufen?

Wenn die Menschen suchen, müssen sie viel reisen, als Geistwesen aber kann man immer gleichzeitig überall sein.

Dennoch hat es gedauert diesen Ort zu finden ... Wie ging dieser Prozess? Hast du es dir nur gewünscht und schon war es da, oder wie funktionierte es?

Die Energie des Ortes ist bestens, daher begann ich diesen Ort zu beobachten.

Lieber Dom Inacio, bitte hilf mir, für die Menschen noch ein bisschen verständlicher herauszubekommen, wie genau du wahrnimmst. Du bist in dieser anderen Ebene und möchtest den Menschen helfen. Du hast die Energie, die inkorporieren kann, dann suchst du diesen Ort, findest ihn sofort, weil du immer überall gleichzeitig sein kannst und beginnst ihn zu beobachten. Aber: in welchem Zeitraum? Wie genau sieht „beobachten" aus?

Wenn der Geist eine Ausrichtung hat, eine Absicht, dann beginnt er diese Ausrichtung zu materialisieren. Dieser Prozess kann nicht in Zeit gemessen werden, da in diesen Ebenen keine Zeit herrscht.

Das bringt mich zur nächsten Frage: Bei euch herrscht keine Zeit, trotzdem erlebt ihr jeden Tag auf Erden, um zu heilen. Das heißt doch, spätestens dann erlebt ihr dennoch eine Zeitqualität?

Nur wenn ein Geist die Erlaubnis hat, in den Körper eines Menschen zu gehen, dann erst empfindet er wieder die Zeit. Sonst gar nicht.

Als Geistwesen empfindet ihr keine Zeit, aber ihr habt trotzdem eine lineare Abfolge von diesen Ereignissen, richtig?

Ja.

Also erlebt ihr Vergangenheit, Jetzt und Zukunft nicht gleichzeitig, sondern habt eine Abfolge, sie ist nur nicht in Zeit zu messen?

Ja.

Lieber Dom Inacio, du hast Zeit deines Lebens den Jesuitenorden gegründet. Soweit ich es mitbekommen habe, ist dieser Jesuitenorden damals in Verbindung mit der Kirche gegangen. Hattest du damals Einblick in die Negativität der Kirche oder nicht?

Nein. Damals war die Kirche der einzige Weg, um beständig erhalten bleiben zu können. Dass die Kirche die Menschen derartig negativ beeinflusst, war mir damals nicht bewusst.

Wie nimmst du die Impulse dieser Institution jetzt wahr? Hat sich dein Bild dazu geändert?

Ich erkenne die Kirche jetzt in vielen Punkten negativ, da sie die Menschen klein hält und beschuldigt. Die Energie, die sie verbreiten, ist keine erweiternde, sondern beengende Energie.

Wenn du das nun erkennst aus deiner veränderten reineren Wahrnehmung, was würdest du sagen, wie wichtig ist diese Erweiterung weg von der Beengung?

Die Erweiterung einer Seele ist die Bedingung für Gesundheit. Diese Erkenntnis habe ich leider erst nach meinem Leben gewonnen.

Kann man sagen, dass die Glaubensmuster auf der Erde, die die Menschen beengen mit Regeln, Strafen, Sünden und derartigem eine der Ursachen von vielen Krankheiten sind?

Ja, leider. Die Religionen eurer Welt sind alle sehr beengend auf den menschlichen Geist. Die einzige wirkliche Religion ist die

Liebe zum Leben. Was die Menschen tun, formt ihr Schicksal, doch dabei sollen sie frei sein und nicht beängstigt.

Lieber Dom Inacio, dann haben wir aber ein Problem auf der ganzen Erde. Heute noch werden Kinder geboren, die mit einem beängstigenden, beklemmenden Strukturgefühl in diesen Religionen aufwachsen. Menschen, die freigeistig die Liebe leben, sind sehr, sehr selten. Wie können wir das ändern?

Die Menschen brauchen Licht und Liebe, um zu gesunden. Du kannst ihnen Licht bringen. Und Liebe ...

Lieber Dom Inacio, wir haben jetzt die Möglichkeit, Botschaften in dieses Buch zu „pflanzen", wie können wir es schaffen, dass die Menschen umdenken?

Die Menschen müssen erkennen, dass Liebe der Schlüssel zu allem ist. Wenn sie das erkennen, dann können sie mit Liebe ihre Ursachen heilen oder durch Liebe vermeiden, dass sie krank werden. Die Liebe ist die Essenz der Heilung. Die Angst ist die Essenz der Krankheit.

Lieber Dom Inacio, du hast Zeit deines Lebens die Exerzitien geschrieben. Würdest du allen Exerzitien immer noch genau so zustimmen, oder würdest du etwas korrigieren oder dazuschreiben wollen?

Ich würde einiges darin korrigieren, denn so manches darin ist nicht richtig.

Lieber Dom Inacio, ich kann sie gerne besorgen und dann können wir daran arbeiten. Wenn du magst, dann biete ich dir an, dass wir das tun, hm?

Das würde mich sehr freuen.

Lieber Dom Inacio, ich möchte nun in dein Leben hineingehen ... Du hattest diesen Unfall und hast dann deinen geistigen Weg begonnen. Du hast dein ganzes Leben lang nicht in Liebe zu einer Frau oder zu Frau und Kind gelebt. Ist das etwas, was du bereust, oder war das genau richtig so?

Ich möchte das nicht beantworten, da ich diesen Weg gewählt habe mit einem Ziel. Und dieses Ziel habe ich erreicht.

Es geht mir eher darum zu vermitteln, ob der Weg, den du gegangen bist ... der Liebe zwischen Mann und Frau zu entsagen ... ob es der einzig richtige Weg ist, um an dieses geistige Ziel zu kommen, oder ob du glaubst, dass es auch gemeinsam mit einer Frau geschehen kann.

Dieser Weg war für mich der einzig Richtige, da die Loslösung von menschlichen Bindungen einer der wichtigsten Schritte in die Befreiung der Seele ist.

Könntest du sagen, dass du in deinem Leben eine totale Reinigung erfahren hast? Oder wie würdest du diesen Prozess bezeichnen, in dem das Loslösen ein Teil davon war?

Mein Leben war die Bereinigung von Verunreinigungen aus alten Leben und der Beginn der geistigen Form. Die, die ich jetzt habe, ist die mir Entsprechendste, da sie leben kann, ohne dabei Energie zu verlieren und nicht zu „altern".

Gibt es etwas, das dich traurig macht in dieser Tätigkeit?

Ich bin traurig, wenn ich sehe, dass die Menschen nicht heilen wollen. Ich kann nicht verstehen, wenn eine Seele einen Weg einschlägt und doch die entscheidenden Schritte dann nicht tut.

Dom Inacio, ich behaupte, es ist nicht die Seele, die die Schritte nicht tut, sondern das Ego. Was meinst du dazu?

Die Menschen haben die Verbindung verloren und das macht die Arbeit für mich manchmal sehr schwer.

Sind es viele, die nicht wirklich heilen wollen?

Ja, leider.

Wenn wir hier schon dabei sind, kannst du ihnen etwas mitgeben, dass sie beginnen, ihr Ego nicht mehr zwischen sich und den Weg der Heilung zu stellen?

Ich möchte ihnen mit auf den Weg geben, dass die Seele keine Angst kennt. Die Befreiung, die Freiheit ist die Bestimmung aller Seelen.

Das heißt, wir geben ihnen mit auf den Weg, dass sie alles dafür tun sollen, in die Weite zu gehen und, wo immer sich Ängste zeigen, diese zu überwinden. Richtig?

Ja.

Ist es wirklich so simpel, dass Ängste letzten Endes die Menschen dorthin treiben, wo Krankheiten entstehen?

Ja. Versuche bitte zu übermitteln, dass die Ängste die Viren des Geistes sind. Die Menschen haben immer noch nicht verstanden, dass die Liebe alles heilen kann.

Ich hab eine kurze Frage in eigener Sache. Ich hatte einmal ein Erlebnis, wie ein Geist in mich „hineinging". Ich spürte seine Präsenz, er bewegte sich sehr schnell, als würde er fliegen. Und ich spürte, wie er unbedingt in mich hinein wollte. Das hat mich sehr bedrängt und ich habe es nicht erlaubt. Ist das die Art, wie ihr arbeitet?

Dieser Geist war ein respektloser Verstorbener, der in seiner Verzweiflung deinen Kanal nutzen wollte. Wir alle arbeiten hier anders. In unseren hochschwingenden Zuständen gibt es keinen Willen, jemanden anderes zu bedrängen, wir kommen dann, wenn wir gerufen werden. Joao ruft uns.

Wo haltet ihr Wesenheiten euch auf? Wie kann ich mir das vorstellen?

Wir sind immer in unserem Bereich.

Wo ist dieser Bereich?

Die vierte Ebene.

Soweit ich mich erinnere, war die vierte Ebene eine Ebene der Meister?

Ja, diese Ebene ist die Ebene der Meister.

Können alle Meister von euch inkorporieren?

Nein, dies ist eine Qualität, die nur einige leben.

Wie ist es gekommen, dass auch noch andere Wesenheiten von dieser Ebene aus hier wirken?

Unser Wirken hier erzeugt Resonanzen und diese werden auch von anderen erleuchteten Wesen wahrgenommen, die dann auch hier helfend wirken wollen.

Wie nimmst du aus dieser Ebene die Erde und die Menschen wahr?

Ich kann die Menschen nicht sehen, doch ich spüre ihre Kraft. Die Menschen brauchen mehr Hingabe, denn sie fallen mehr und mehr aus der Verbindung mit der geistigen Welt.

Kannst du spüren und sehen, wie es der Menschheit jetzt gerade geht?

Die Menschheit befindet sich auf dem Weg in die Dunkelheit.

Lieber Dom Inacio, viele Bücher haben erzählt, dass 2012 eben dieser Prozess ein Ende hat, sich umkehrt. Kannst du irgendeine Bewegung diesbezüglich sehen, dass sich an der Bewegung in die Dunkelheit irgendetwas geändert hat?

Die Menschheit bewegt sich noch schneller als vorher in die Dunkelheit, aber keineswegs ins Licht.

∞

Was wirst du tun, wenn Joao nicht mehr auf der Erde ist?

Ich werde einen anderen Ort finden und dort heilen.

Wirst du weiterhin feinstofflich helfen oder versuchen in einen Körper zu inkorporieren?

Wenn man ruft, dann komme ich, doch ich selbst würde nie jemanden besetzen wollen.

Was hat dich zu deinen Lebzeiten am meisten bewegt und an dein Ziel der Vergeistigung geführt?

Ich befand mich in einem Zustand, die Erfahrung der weltlichen Dinge nicht mehr machen zu wollen. Ich habe keine Erfüllung darin gefunden, immer nur die nächste Schlacht zu planen und das nächste Drama zu erfahren. Mit diesem Austritt aus der Wahrnehmung der Menschen begann ich mehrere Wege. Die Bücher Jesu erlaubten mir, die Welt mir anderen Augen zu sehen. Die begonnene Erfahrung der Liebe, die ich dabei empfand, waren bereichernd wie nichts anderes je zuvor. Damit war klar, dass ich Erfüllung nicht mehr in materiellen Dingen finden kann, sondern nur noch in feinstofflichen, besser, spirituellen Dingen. Dann begann ich mich darauf einzustellen, wie ich mich fühlen werde, wenn ich keinen Körper mehr habe und diese Übung brachte mich dem Ziel nah. Das Ziel war, nicht mehr anzuhaften an jeglichen materiellen Dingen in jeder Form, sondern ein Leben zu verbringen in Liebe.

Du wolltest also ausschließlich in Liebe sein.

∞

Ja.

Und das ohne Anhaftung?

Ja.

Was fiel dir dabei am schwersten?

Ich konnte die Liebe nicht immer leben, da ich vernebelt war von weltlichen Bedürfnissen. Doch ich kanalisierte alle Energie, die ich hatte, in diesen Wunsch und bei meinem Übergang aus dem Körper heraus begann sich dieser Wunsch als materialisiertes Potenzial zu zeigen. Ich durfte wählen, ob ich weiter inkarnieren möchte, oder in diesem Zustand des feinstofflichen Wesens zu bleiben, um von dort aus zu lieben.

Kannst du mir ein wenig beschreiben, wie es dort aussieht, wo du gerade bist, was genau nimmst du wahr?

Es ist sehr hell und sehr kraftvoll, ich mag das sehr.

Bist du alleine, dort wo du bist, oder sind die anderen Wesenheiten auch dort?

Ich bin noch mit den anderen Wesenheiten verbunden. Doch ich bin relativ ungestört hier.

Gibt es ein Streben in dir, dass du noch andere Ebenen erkunden kannst?

Ich möchte hier immer bleiben, es ist der perfekte Ort für mich. Doch weiß ich auch um die Wandlung von Energien. Und falls ich mich wandeln möchte, dann kann es sein, dass ich deine Frage beantworten kann.

Ich habe dich gefragt, lieber Dom Inacio, was dich traurig macht. Gibt es denn auch etwas, das dich glücklich macht?

Eine schöne Frage. Ich empfinde immer dann Freude, wenn ein Mensch die Heilung in sich erfahren hat. Diese Wandlung ist die Erfahrung einer Geburt und ich bin die Hebamme.

Bist du eigentlich, dort wo du bist, in dem Gefühl der Männlichkeit oder Weiblichkeit, oder bist du ohne Geschlecht?

Ich bin ohne Geschlecht. Ich habe die Identität der Geschlechter abgelegt.

Weißt du eigentlich, ob du schon oft auf der Erde inkarniert warst?

Ich war bereits oft vorher inkarniert in Körper, doch diese Erfahrungen waren nie so beglückend für mich.

Und deswegen hat sich der Wunsch in dir so stark manifestiert, nicht wiederkommen zu wollen, richtig?

Ja.

Möchtest du mir etwas dazu erzählen, was während der OP geschieht?

Das erzähle ich dir gerne. Die Menschen werden in der OP in eine Art Energiedusche gebracht. Dort bekommt die Seele wieder Energie, die sie sonst nur in langsamer Art und Weise bekommen kann, über Meditation oder andere liebevolle Wege. Diese Energie bringt die Frequenz der Seele wieder in Bewegung und dadurch wird die Reinigung in jedem Einzelnen angeschoben. Die Wesenheiten, die dies beschleunigen, brauchen dazu nur die Erlaubnis der Menschen.

Wenn Menschen zu euch kommen und nicht heilen, haben sie dann diese Erlaubnis nicht gegeben?

Diese Menschen haben die Erlaubnis gegeben, doch blockieren ihre bereits eingefahrenen Muster der Gedanken und Gefühle die Heilung immer dann, wenn sie aufgerufen sind, neue Wege zu gehen.

Also im entscheidenden Moment blockieren sie?

Ja.

Möchtest du diesen Menschen etwas mit auf den Weg geben?

Dass ihre Leiden nicht weniger werden, wenn sie den Pfad der Gewohnheit weitergehen. Dass ihre Angst ihr Schicksal wird.

Lieber Dom Inacio, das heißt, wir legen diesen Menschen ihre Eigenverantwortung in die Hand, indem wir sie ihnen hier noch ein bisschen mehr vor Augen halten?

Besonders die Eigenverantwortung ist mir sehr wichtig. Die Menschen haben es verlernt, die Eigenverantwortung in sich zu finden, denn die Religionen dieser Welt haben einen Fehler, wenn es um dieses Thema geht. Bei allen ist die Ursache im Außen, doch niemals wird gelehrt, die Ursache im Inneren zu finden.

Was ist heute anders in der Art, wie die Menschen mit Religionen umgehen?

Damals verachteten die Menschen die Verbindung der Liebe, während sie die Verbindung der Kirche besonders pflegten. Ich meine das, weil ich damals wenige Menschen traf, die die Liebe als höchstes Gut lebten.

Aber das ist doch heute auch so.

Das mag bei euch jetzt auch so sein, doch ich kann dir nur zu meiner Zeit antworten.

Das kann ich verstehen. Hattest du es eigentlich schwer, Gleichgesinnte zu finden damals?

Ja. Ich war für lange Zeit besonders allein. Doch ich nutzte diese Zeit für meine innere Reinigung.

Möchtest du den Menschen irgendetwas sagen, wie wichtig diese innere Reinigung ist?

Dieser Prozess ist besonders wichtig. Denn keine weltliche Kraft ist bereinigend wie der Geist. Doch gleichzeitig ist er die Ursache verlorener Verbindung.

Zum Thema Operation. Was müssen die Menschen verinnerlichen für die Zeit nach den OPs?

Diese Zeit ist wichtig, um die wiedergewonnene Kraft in der Seele mit dem Körper in Einklang zu bringen.

Und deswegen soll man den Körper so gut wie nicht bewegen?

Ja.

Warum herrscht die Regel mit den vierzig Tagen ohne sexuelle Betätigung?

Die sexuelle Kraft ist sehr anders als feinstoffliche Kraft, mit der wir arbeiten. Diese beiden Energien blockieren einander. Daher ist es wichtig, diese Regel zu befolgen, um wirklich zu heilen.

Es gibt aber Menschen, die haben Forschungen gemacht und herausgefunden, dass sexuelle Kraft auch sehr heilsam sein kann. Sie kann Energie geben und Blockaden lösen. Hast du dazu eine Meinung?

Das ist richtig, doch nicht für unsere Form der Heilung nützlich. Blockaden des Körpers binden Kraft, die in Sexualität wieder gelöst werden kann. Doch wir hier arbeiten in der Seelenstruktur. Das ist viel feiner als in der Körperstruktur.

Wie kommt es, dass ihr als Beweis, also als Folge eurer OPs, Schnitte an Organen habt?

> *Das sind energetische Schnitte, die keine wirklichen Schnitte sind, sondern nur die Folge der energetischen Beschleunigung der Seele.*

Gibt es Abstufungen? Macht ihr Unterschiede in der Beschleunigung, je nachdem, was derjenige verkraftet?

> *Ja. Wir dosieren je nach dem Potential des aktuellen Zustandes der Seele.*

Was entscheidet letztlich, wie ihr und wo ihr eingreift? Die Bitte oder die Einsicht in die Energetik des Menschen?

> *Die Bitte ist entscheidend.*
> *Das ist immer so, wenn im Kosmos gehandelt wird.*
> *Die Bitte des einzelnen Menschen wandelt die Energie der Seele in die Geschwindigkeit, die sie verträgt. Die Beschleunigung ist immer in Einklang mit dem Geist.*

Möchtest du den Menschen dazu vielleicht etwas übermitteln? Wir haben jetzt die Möglichkeit, alle, die das hier lesen werden, darauf einzustimmen, dass sie sich das Richtige wünschen und um das richtige bitten...

> *Gerne. Bitte kommuniziere ihnen, dass wir immer in Einklang mit den Wünschen in ihnen agieren. Daher ist es wichtig, dass ihr die Wünsche klar formuliert. Nicht nur um Heilung bittet, sondern um die Heilung der Ursachen.*

Lieber Dom Inacio, meist ist es aber so, dass die meisten Menschen gar nicht wissen, was die Ursache ist.

Ja.

Wie helfen wir ihnen denn, dass sie die Ursache finden?

Das können sie, indem sie meditieren. Wir führen ihre Energie und zeigen ihnen die Gefühle und Bilder, die blockieren. Diese Wahrnehmung ist der Aufruf, die Wünsche richtig zu formulieren.

Arbeiten die Wesenheiten auch noch nach der OP an einem?

Manchmal ja. Es kommt auf den Wunsch drauf an. Du musst dir das vorstellen wie eine Zwiebel. Die Energie geht von Schicht zu Schicht hindurch. Dazu braucht es Zeit.

Ich hatte während einer OP gespürt, als würde mir etwas aus dem Aurakörper entfernt werden.

Ja, das ist richtig, dann werden Ängste in Form von braunen Energiefeldern entfernt.

Und danach spürte ich eine Energiekugel in meinem Aurafeld, die aber eine ganz andere Qualität hatte?

Das war die Kugel der beschleunigenden Energie.

Was wurde mit der Kugel gemacht?

Die Kugel wurde Teil von dir.
Diese Kugel ist deine Energie.

Warum hat sich diese Kugel vor mir geformt?

Das ist Teil der Operation.

Aber bitte erklär mir das ganz kurz, wie ist das vom Prozess her passiert?

Diese Energie wurde aus dir herausgenommen, dann wurde sie gereinigt und dann wurde sie im gereinigten Prozess wieder in dich zurückgegeben.

Wie kommt diese Energie raus? Einfach so oder was macht ihr damit?

Das passiert durch die hohe Energie des Ortes. Die Energie in euch ist offen ... und dadurch für uns sichtbar und kann besser gereinigt werden.

Aber das Reinigen passiert doch in uns und nicht außerhalb von uns, oder?

Ja, es geschieht in euch. Doch deine feinfühlige Art hat es dich so wahrnehmen lassen.

Ihr wart eigentlich in mir, ich habe es aber so wahrgenommen, als wäre es außen, richtig?

Ja, das ist die richtige Beschreibung.
Was ist dann passiert, als ich das Gefühl hatte, dass etwas in mich hineingegangen ist?

Das war dann deine gereinigte Energie.

Aber wenn die Zwiebelschicht dann so geöffnet ist, besteht dann nicht die Gefahr, negative Energien wieder aufzunehmen?

Dies ist in der Tat ein Problem, daher bitten wir die Menschen, sofort den Ort zu verlassen. Die Casa ist voll von negativen Energiefeldern an den Stellen, an denen die Energie nicht ganz hoch ist.

Okay, kann man dann den Menschen an dieser Stelle etwas mitgeben, dass sie sich davor schützen können?

Das kann man. Bitte schützt euch, indem ihr die Kreuze vor dem Körper nach oben zeichnet.

Dazu habe ich eine Bitte an dich. Die Menschen haben seit eh und je das Kreuz nach unten gezeichnet. Ich habe bei den Rosenkreuzern gelernt, dass das Kreuz eigentlich anders herum gezeichnet werden muss. Kannst du mir dazu deine Erfahrung sagen?

Die Menschen machen das Kreuz immer falsch. Es ist nicht nach unten gerichtet, sondern nach oben.

Bitte beschriebe in deinen Worten, warum das falsch ist.

Das Kreuz nach unten ist die Verbindung mit den niedrigen Energien. Das Kreuz nach oben ist die Verbindung mit den höheren Energien. Das Kreuz nach oben ist der beste Schutz gegen negative Energie.

Dann wird den Menschen gesagt, dass sie die Medikamente jeweils hier geeicht bekommen. Ist das richtig?

Ja.

Wie genau funktioniert das?

Die Medikamente sind alle in einem neutralen Zustand. Die Energie, die der Mensch in sich trägt mit dem Wunsch der Heilung, programmiert dieses Medikament.

Dann seid nicht ihr es, die es programmieren, sondern die Menschen selbst, richtig?

Genau.

Gibt es noch etwas zu beachten, wenn man so eine OP gemacht hat?

Die Energie während der OP ist um ein Vielfaches höher als ihr kennt. Das ist wie ein Flug, wo sonst nur gelaufen wird.

Bitte zur Rolle Joao Deus während so einer OP. Macht er irgendetwas, oder die Wesenheit, die in ihm ist?

Nein. Die Wesenheit, die in ihn inkorporiert ist, begleitet diesen Prozess nur, aber sie wandelt nicht die Energie.

Hattest du als Mensch schon eine feinstoffliche Wahrnehmung, insofern, dass du wie ich mit Wesen sprechen konntest?

Das konnte ich nicht, aber ich hatte ein Gefühl in mir, das mich leitete.

Also bist du ganz nach der Intuition gegangen.

Seit ich dich kenne, ist kein Mensch so kommunikativ mit Wesenheiten unserer Ebene in Kontakt getreten.

Schade eigentlich, denn so manches Medium war sicherlich hier.

Das mag sein, doch sie haben eine andere Wahrnehmung.

Weiter zu den OPs, was magst du dazu noch sagen?

Wenn wir operieren, dann ist das meist ein sehr intensiver Prozess. Die Menschen erleben diesen Prozess mal mehr mal weniger intensiv. Das liegt aber nur an ihrer Bewusstheit.

Was sagen wir ihnen denn dazu? Wie sollen sie denn bewusst sein, wenn sie in die OP gehen?

Die Erlaubnis, die Wesen zu rufen, ist ein großer Schritt zur Bewusstheit. Wir sind alle immer dort über unsere Aufmerksamkeit, die wir lenken.

Das heißt, einer ist immer in Joao und die anderen sind einfach immer mit ihrer Aufmerksamkeit dort, richtig?

Das hast du richtig gesagt. Die Wesenheit, die in Joao spricht, ist auch bei uns, doch ist sie mit ihrer Aufmerksamkeit bei Joao. Alle anderen bearbeiten kraft ihrer Aufmerksamkeit die Seelen der Menschen.

Ich habe eine Frage zu den Kristallen. Ich finde hier sehr viele Kristalle, aber sie sind alle nicht rein. Ist das egal, ob sie rein sind oder nicht? Welche Aufgaben haben Kristalle?

Du hast es schon erkannt. Ein reiner Kristall ist das Kostbarste in Stein, was es gibt. Diese Reinheit ist selten zu finden und wirkt um ein Vielfaches mehr als nicht reine Kristalle.

Zurück an den Ort des Geschehens. Die Menschen dürfen, wenn sie die OPs gemacht haben, angeblich nicht lesen oder irgendetwas tun. Möchtest du mir erklären, warum das so ist?

Das ist eine Maßnahme, um verschiedenen Wege der Ablenkung von der Heilung zu verhindern. Das Lesen oder anderweitige Beschäftigungen bringen wieder Gedankenmuster in Bewegung, die nun aber schlafen sollen.

Wird man im Current auch schon operiert, oder findet dort zumindest so eine Art von OP statt?

Dort werden die ersten Schichten der Seele erweitert und gereinigt. Das ist wie eine Vorstufe zur OP. Und dort bekommt man auch die Bilder zu den Ursachen, mit denen man dann für die OP die richtige Bitte formulieren sollte.

Seid ihr eigentlich immer die gleiche Anzahl an Wesenheiten oder kommen neue dazu?

Die gleiche Anzahl an Wesenheiten ist immer dort, doch ich bemerke, dass immer wieder auch andere reisende Wesenheiten mal vorbeischauen.

Aber sie müssen trotzdem in einer hohen Schwingung sein, oder? Also reine Wesen.

Ja. Die Reinheit einer Wesenheit ist Bedingung, um diesen Ort erreichen zu können.

Gibt es ein Wesen, zu dem du eine besondere Verbindung hast?

Dr. Valdivino. Er ist mir ein sehr guter Freund geworden, da er viele meiner Verbindungen auch lebt.

Welche Verbindung hast du zu König Salomon?

Seine Energie ist sehr hoch. Ich bin gespannt, was du von ihm erfährst. Er ist sehr in schützende Energie gehüllt, da er wirklich sehr hoch schwingend ist.

Je höher eine Wesenheit schwingt, desto mehr strahlt sie und diese Strahlung schützt sie, richtig?

Sehr genau.

Möchtest du mir noch einen Ort in der Casa nennen, der für die Menschen noch mehr an Bedeutung gewinnen sollte?

Die Kapelle, weil dort die meisten Wunschenergien in Erfüllung gehen.

Woran liegt denn das?

Das liegt an der Reinheit der Kapelle.

Wie findest du die Kristallbetten?

Die Kristallbetten sind sehr gut, um zu reinigen auf eine sanfte Weise, doch ist es besser, man macht eine OP.

Was ist der Sinn von sichtbaren OPs?

Die sichtbaren OPs helfen den Menschen, besser zu verstehen, dass wir da sind.

Und was genau passiert, wenn Joao in die Augen kratzt?

Das ist nicht das Auge, das er berührt. Es ist die Schicht der Seele, die in die Augen führt. Diese Schicht reinigt er dabei. Die visuelle Operation ist keineswegs besser als die energetische.

Okay, dann danke ich dir jetzt einmal und freue mich auf bald. Danke dir.

Bitte sehr.

Die weißen Kugeln

Interview

Ich habe gefragt, wer sich als Nächstes vorstellen möchte, und es meldete sich ein Wesen der Reinigung.

Liebes Wesen der Reinigung, bist du alleine?

Nein, wir sind unzählige.

Soll ich dann dich ansprechen, oder euch alle?

Bitte sprich uns alle an.

Wandelt ihr ausschließlich Energie?

Ja. Reinigung ist Wandlung.

Wie macht ihr das mit den Energiefeldern? Wie darf ich mir das vorstellen? Was genau wird da gemacht, könnt ihr mir das beschreiben?

Das ist schwierig zu beschreiben.

Bitte versucht es.

Du musst es dir vorstellen wie eine Liebesdusche. Die Energiefel-

der werden von unserer Energie in eine wirklich durchdringende Liebesenergie des Kosmos getaucht.

Aber wie denn getaucht?

Wir nehmen Teile der Verunreinigung heraus, dann bringen wir sie in diese Energie und dann bringen wir sie wieder zurück.

Das heißt, man ist für eine kurze Zeit ohne diese Energie?

Ja, ohne diesen Teil.

Und wenn man diese Energieteile einfach weglässt? Also einfach rausnimmt und sie außen behält?

Das geht nicht, da es Teile der Seele sind.

Könnt ihr mir ein Bild dazu geben? Wahrscheinlich ist es wie ein Kuchen, und ihr nehmt einen Teil davon heraus.

Du hast es erfasst.

Und wenn dann ein Teil fehlt, was könnte dann passieren?

Es wäre nicht gut, denn die Seele würde dadurch instabil sein und nicht gesund. Der herausgenommene Teil muss in jedem Fall wieder zurück.

Ist bei jedem Menschen, der eine OP gemacht hat, eine Wesenheit?

Wir sind alle miteinander verbunden und in einer OP begeben wir uns in eine noch intensivere Verbindung zu euch. Diese Verbindung bleibt bestehen solange, bis der Prozess der Heilung nicht abgeschlossen ist. Erst dann löst sich die Verbindung in eine normale Verbindung.

Das hießt, ihr seid dann immer noch bei uns?

Ja genau.

Wie viele seid ihr denn?

Du könntest uns nicht zählen.

Seid ihr eine Art Engel?

Du brauchst keinen Vergleich. Es ist, wie es ist.

Okay, liebe Wesen. Ihr seid anders als die, die man mit Namen benennt, richtig?

Ja. Diese Wesenheiten sind die Auserwählten, die direkten Kontakt mit den Menschen aufnehmen können. Wir bleiben hinter ihnen.

Also ihr seid wie eine Helferschar hinter ihnen, ja?

Ja.

Und ihr seid Unzählige?

Die weißen Kugeln

Ja.

Aus welcher Ebene kommt ihr?

Wir kommen aus der Ebene der beschützenden Energien.

Könnt ihr mir ungefähr erklären, welche es ist?

Die vierte Ebene, doch wir halten uns in mehreren Ebenen auf. Die meisten Wesen nehmen uns ab der zweiten Ebene wahr.

Wart ihr einmal in menschlichen Körpern inkarniert?

Nein.

Wie kann man sich euch vorstellen?

Du kannst es dir vorstellen wie eine weiße Energie, die die Form einer Kugel hat.

Und als Kugel bewegt ihr euch auch fort?

Ja.

Wie groß seid ihr ungefähr? (Sie schicken mir ein Bild eines Wanderers, der eine Kalebasse trägt, da dieses Bild aber nicht wirklich zeitgemäß ist, frage ich zurück:) Seid ihr Fußball groß?

Ja. Hier in Abadiânia sind wir meist in dieser Form, doch können wir diese immer verändern.

∞

Wovon ist das abhängig?

Entscheidend ist dabei die Bereitschaft desjenigen, der um Reinigung bittet. Die Bereitschaft zur Öffnung und die Hingabe.

Verstehe. Wo kommt ihr her? Seid ihr irgendwann hergekommen oder seid ihr schon immer hier gewesen?

Wir waren bereits hier, als noch keine andere Wesenheit hier war. Dieser Ort ist unsere Heimat auf der Erde.

Wie ist das eigentlich, wenn ihr so viel Liebe gebt und dann könnt ihr in so einem Augenblick nicht helfen, ist es nicht schrecklich, so eine Ohnmacht zu erfahren?

Das ist es. Deshalb möchten wir darüber nicht mehr sprechen.
Die Liebe ist keine Kraft, die man zurückfordert.
Man gibt sie hin.

Kommuniziert ihr auch untereinander?

Ja, du kannst dir das vorstellen wie ein eigenes Volk. Wir sind geschlechtslos und wir vermehren uns, indem wir uns teilen.

Und das passiert wie?

Durch einen Entschluss. Die Teilung ist nicht reversibel.

Ist das dann eine Art Schwesterenergie, oder Zwillingsenergie?

Das ist dann eine Art Zwillingsenergie.

Ist das denn nicht komisch, wenn es tausendmal sich selbst gibt?

Nein. Diese Wertungen haben nur Menschen in ihrer Wahrnehmung.

Verstehe. Könnt ihr mir bitte noch einmal erklären ... Ihr seid auf der vierten Ebene, aber ihr könnt hier wirken, ist das richtig?

Ja.

Okay. Ist der Ort repräsentativ für die vierte Ebene?

Dieser Ort hier ist sehr verbunden mit Liebesenergie der vierten Ebene.

Ihr habt ja keinen Organismus in der Form, wie wir es kennen und braucht auch nichts zu essen. Wovon ernährt ihr euch?

Die Energiefelder ernähren sich durch bestimmte Quellen an Energie.

Zum Beispiel?

Wir nähren uns von der Sonne.

Die Sonne? So eine weltliche Energie?

Die Sonne ist nicht nur weltlich, die Sonne ist auch feinstofflich.

Und gibt es hier auf der Erde derartige Quellen? Irgendwie müsst ihr ja an die Energie von der Sonne kommen. Heißt das, ihr sonnt euch einfach nur und habt Energie?

Ja.

Das ist ja dann wie Lichtnahrung

Ja genau.

Und wie oft braucht ihr das dann?

Dauernd, wir sind davon berührt. Die Sonne ist immerdar und wir nähren uns von ihr in jeder Sekunde, wenn ihr in Zeit messen möchtet.

Liebe Wesenheiten der Reinigung, was möchtet ihr den Menschen, die das hier lesen werden, was ich gerade erfahre, mit auf den Weg geben?

Die Menschen müssen verstehen lernen, dass die Energie nie versiegen wird, doch dass sich die Potenziale ihrer Energie wandeln können.

Kann ein Mensch im Laufe seines Lebens seine Energie in das höchste Potenzial bringen, das ihm als Mensch im Kosmos möglich ist?

Ja.

Wodurch?

Durch die Reinigung.

Also jegliche Form von seelischer Reinigung. Die Menschen haben also die Verantwortung, dass sie die Energie wandeln können?

Die Menschen haben die Verantwortung, dass sie die Schöpfer ihres Schicksals sind.

Somit kann ein Mensch, wann immer er es beschließt, einen völlig anderen Weg einschlagen, als den, den er bisher eingeschlagen hat?

Ja. Das ist das Geschenk des Menschseins.

Gibt es etwas, das euch traurig macht?

Die Menschen, wenn sie nicht bereit sind, den Weg der Heilung zu gehen.

Und was macht euch sehr glücklich?

Die Menschen, die wir geheilt haben.

Habt ihr eigentlich viel Kontakt mit Dom Inacio?

Ja. Er ist in seiner eigenen Aufgabe sehr beschäftigt.

Weiß er, dass ihr da seid?

Ja.

Habt ihr noch eine Botschaft an die Menschen, außer die, die ihr eben gesagt habt?

Sie leben die Liebe viel zu wenig.

Habt ihr eine Idee, warum das so ist?

Die Glaubensbilder eurer Religionen bremsen die Öffnung der Herzen.

Wenn ihr heilt ... also wenn ihr die Seelenenergie heilt, ist das nicht letzten Endes ‚nur' eine Öffnung des Herzens?

Nein. Das Herz ist das Tor, in das die Energie gegeben wird, doch wir wandeln die Energie, nicht das Herz.

Mich würde statistisch einmal interessieren ... im Laufe der Zeit, in der ihr hier wirkt ... hat sich die Energie der Menschen verwandelt, die hierher kommen?

Die Energie der Menschen ist besonders kraftvoll in ihrer Negativität geworden. Wir beobachten, dass die Menschen mehr und mehr in die Dunkelheit verfallen.

Und das im Jahr 2013, wo wir angeblich eine Energieerhöhung erlebt haben. Könnt ihr dazu etwas sagen, was ist mit dieser Energieerhöhung?

Die Energieerhöhung der Erde ist geschehen, doch die Menschen machen nicht mit.

∞

Woran liegt es am meisten? Wenn ihr sagt, sie leben die Liebe nicht, dann ist es eine Herzenssache, oder nicht?

Die Menschen lieben nur ihr Ego, sind aber nicht verbunden mit den Welten.

Danke. Gut, dann bedanke ich mich.

Danke für deine Bereitschaft, die Botschaften in die Welt zu bringen.

Aber gerne doch.

Dr. Valdivino

Es ist nicht genau bekannt, wer er auf der Erde war. Er ist ein freundlicher, lieber Geist, beachtet Familienangelegenheiten und ist sehr aufmerksam all jenen gegenüber, die er behandelt. Medium Joao meint, dass er im Leben Strafrichter war.

Quelle: Buch Spirituelle Heilungen

Dr. Valdivino

Interview

Es ist mir eine große Freude und Ehre, als Nächstes die Wesenheit zu rufen, die sich unter dem Namen Dr. Valdivino den Menschen zeigt.

Dr. Valdivino, deine Energie spürt sich unglaublich weich an und mir treibt es die Tränen in die Augen? Wieso fühlt sich das so an?

Die Energie, die ich bin, fühlt sich für dich wie Liebe an. Ich liebe sehr stark. Es erlaubt mir, die Menschen in ihrer Verzweiflung besser zu verstehen. Eine Wahrnehmung, die ich bereits in meinem Leben lebte.

Dr. Valdivino, ich habe gelesen, du warst Richter. Ist das richtig?

Eine zeitlang aber nicht lange. Die Regeln der Politik und Justiz habe ich nicht lange vertreten können. Sehr viele Fälle damals musste ich anders entscheiden, als ich fühlte.

Dann lass uns doch bitte mal weiter in deine Geschichte hineinschauen. Fang an, wo du möchtest, und erzähle bitte.

Ich bin als Kind in verschiedene Länder gereist, da meine Eltern die politischen Verbindungen pflegen mussten. Ich war immer bei ihnen. Die einsame Zeit, wenn sie wieder einmal verreist waren und ich nicht mitkonnte, war mir die liebste.

Also warst du gerne allein, richtig?

Das kann man so nicht sagen, ich war gerne ungestört und in Ruhe, nicht auf Reisen, doch ich musste auch viel reisen.

Wie ging es denn dann weiter in deinem Leben?

Meine Eltern vermittelten mir, dass ich Richter werden sollte, doch ich selbst wollte es nie. Es war die Form der Zeit, die Richter brauchte.

Hattest du eine besondere Wahrnehmung von Feinstofflichkeit, oder kannst du dich an Derartiges erinnern?

Nein.

Also spürtest du eine immer größer werdende Divergenz zwischen den Regeln der Menschenwelt und deiner Intuition?

Ja. Die Regeln waren mir alle viel zu starr und nicht auf die Verbindung der Menschen untereinander ausgerichtet. Wir urteilten über die Menschen wie über Vieh beim Viehhandel.

Wie ging es dann weiter, was hast du getan?

Diese Form der Wertung konnte ich nicht mehr leben und brauchte eine neue Form, deshalb begann ich die Verbindung in diese Bereiche zu lösen und machte mich auf den Weg in die Freiheit.

Wohin bist du dann gegangen?

Die erste Station war eine Kirche.

∞

Was hast du dort erfahren?

Dort habe ich angefangen zu beten, dass ich eine Führung bekomme, die mir den Weg zeigt, um in die Befreiung meiner Seele zu finden. Dabei hat sich mir die Jungfrau Maria gezeigt und mir gesagt, was ich zu tun habe.

Wie hast du sie wahrgenommen?

Ich habe sie gehört.

Und woher wusstest du, dass sie es ist?

Eine Stimme in mir sagte mir, das sie es ist.

Hast du die denn in deinem Leben immer wieder einmal gehört?

Selten.

Was genau hat sie dir gesagt?

Dass ich mich auf den Weg machen soll in die Kraft der Marienplätze der Welt, denn dadurch werde ich die Menschen treffen und die Heilung erfahren, die ich suche. Das machte ich und begann meine Reise durch die Welt.

Gab es ein Erlebnis dass dich sehr berührt hat?

Dieses Erlebnis war sehr berührend.

Dann bist du viel gereist - und wie ging dein Leben genau weiter?

Ich bin weit gereist, um die Antworten in mir zur finden und ich habe sie gefunden.

Möchtest du mir davon berichten, was die Antworten waren?

Ja, gerne.

Bitte erzähle mir von deinen Erkenntnissen.

Die erste Erkenntnis, die ich machte, war, dass ich nicht allein bin, auch wenn ich allein war. Das erleichterte mir das viele Reisen.

Wie bist du zu dieser Erkenntnis gekommen?

Ich verstand, dass die Welten ineinander bestehen und dass wir alle miteinander verbunden sind. Als ich in einer Meditation die Vision erfuhr, dass ich Teil der Energie, die Maria ist, war.

Wie hast du das verstanden in der Meditation?

Ich habe verstanden, wie die Energie von ihr in der Welt wirkt. Es ist die Energie der Weiblichkeit, und ich begann diese Kraft zu spüren.

Hast du auch noch andere Energien wahrgenommen oder nur die von Maria?

Das war für mich nicht wichtig.

Was war dann die nächste Erkenntnis?

Die nächste Erkenntnis war, dass ich noch verunreinigt bin und die Reinigung in mir bald beginnen sollte.

Wie hast du das erkannt?

Eine Vision, in der ich die Seele als Energie wahrnahm, die verunreinigt war.

Kannst du mir ein kurzes Beispiel geben, wie sich die Verunreinigung gezeigt hat?

Die Seele hatte keine Farbe, doch nahm ich ihre Energie als Blau wahr, und in diesem Blau waren dunkle Flecken. Diese wollte ich beseitigen.

Hast du denn auch erfahren, wie das geht?

Nein, das war die Aufgabe.

Was hast du denn dann getan, um dich zu reinigen?

Die beginnende Verabschiedung von den weltlichen Auffassungen war ein erster Schritt loszulassen. Dann habe ich viel beten müssen, und dabei habe ich viel um Verzeihung gebeten und viel vergeben. Diese beiden Energien sind sehr heilsam.

Gab es dabei einen Rhythmus? Wie oft hast du das getan?

Ich habe versucht, mich in einem dauerhaften Zustand dieser betenden Haltung zu halten, doch ich konnte es nicht immer. Dennoch hat es gereicht, um mich zu reinigen.

Was war deine dritte Erkenntnis?

Die dritte Erkenntnis war, dass ich noch lange bestehen werde und nicht nach dem Ableben vergangen bin.

Wie hast du diese Erkenntnis erlangt?

Ich habe eine Vision gehabt, in der ich die Seele als Teil einer Reise wahrnam, in der das Leben nur eine Art Kokon wie bei einem Schmetterling ausmalte. Diese Wahrnehmung vermittelte mir die Wandlung der Energien, die wir hier in jedem Moment leben.

Was war die vierte Erkenntnis?

Die nächste Erkenntnis war, dass ich mit Liebe versuchen kann zu heilen, denn immer dann, wenn ich Menschen in Liebe begegnete, wandelte sich ihre Ausrichtung in eine andere Richtung ...besonders wenn es wütende Energien waren, dann konnte ich die Liebe in mir nutzen, um diese Energie weich und warmherzig zu wandeln. Die Menschen, die das erlebten, waren dabei meist sehr berührt und weinten.

Gab es noch eine Erkenntnis?

Die fünfte Erkenntnis war, die Liebe nicht in Erwartung zu geben. Du gibst, weil du geben möchtest, aber nicht, weil du dafür etwas erwartest.

Wie hast du diese Erkenntnis erlangt?

Ich brauchte etwas, um zu verstehen, dass diese Kraft nie vergeht, doch ich habe es erkannt und dann gelebt.

Die nächste Erkenntnis war dann?

Das war die Erkenntnis, dass ich binnen kurzer Zeit in bestimmte Bereiche Wandlung bringen kann, doch nicht, wo Wandlung unerwünscht ist! Der freie Wille steht über allen Prozessen. Dies waren meine Erkenntnisse und ich lebe diese bis heute - nun in meiner neuen Form.

Gab es Erlebnisse in deinem Leben, die dich neben der Begegnung mit Maria sehr berührt haben?

Ja sehr viele ... Ich habe Menschen nie als neutrale Begegnungen erfahren, sondern immer als ein Zusammentreffen mit einem Bruder oder einer Schwester. Dieses Gefühl war für mich hilfreich, um mich aus dem Gefühl der Einsamkeit weiter zu entfernen. Die Familie Menschheit ist groß, wenn man sie wahrnimmt.

Aber Dr. Valdivino, die Menschen sind nicht immer nur nett, und es tut umso mehr weh, wenn Familienmitglieder einen verletzen ...

Bald habe ich die Probleme der Menschen erkannt und ihnen Tipps gegeben, wie sie sie erlösen können. Dadurch wurden Feinde zu Freunden.

Und die Menschen nahmen das einfach an?

Damals war es so, ja, ich durfte es erfahren.

Hattest du eine Frau?

Ja, doch ich musste auch sie verlassen, als ich in die Freiheit gehen wollte. Doch ich war immer mit ihr verbunden, das weiß ich und ich weiß, dass ihre Energie nicht zu sehr darunter litt.

Hattest du denn Kinder?

Nein, es verstarb, als es geboren wurde.

Wie bist du damit umgegangen?`

Ich war sehr traurig, doch ich wollte die Verbindung nicht verlieren, die ich bereits anfing zu spüren, daher versuchte ich die Trauer nicht zu sehr in mich hineinzulassen.

Und dann pilgertest du lange?

Ja, das ist der richtige Begriff.

Und wie ging es dann weiter?

Die Seele war bereit, den Übergang zu nehmen, indem sie eines Nachts den Körper verließ. Ich war alt und müde des Reisens und ich wollte lieben ohne Leiden. Daher begann ich mich los zu lösen von der Verbindung mit dem Körper.

∞

Warst du alleine?

Ja.

Und dann?

Dieser Übergang war sehr interessant, denn ich nahm die Energie der Wesenheiten der Ebene der Meister wahr und wusste nicht so recht, wer das ist, doch ich versuchte, in Kontakt mit ihnen zu treten.

Als du aus dem Körper gegangen bist, gab es da einen Zwischen-zustand?

Ja, die Wahrnehmung war zuerst etwas vernebelt, doch in relativ kurz empfundener Zeit nahm ich hinter dem Nebel diese Wesen wahr.

Wie nahmst du sie wahr?

Die Energie der Wesen war sehr kraftvoll und hell. Ich fühlte mich sehr wohl diese Energie dort zu spüren. Dann begann ich zu verstehen, dass ich nun verstorben bin.

Konntest du gleich kommunizieren mit diesen Wesen?

Ja, es hat etwas gebraucht, doch ich habe sie bereits kurz danach verstanden. Das Verstehen ist aber anders, als ihr es kennt, denn es beginnt mit einem Gefühl.

Dr. Valdivino

Wie kam es dann dazu, dass du zu Joao gefunden hast?

Das ist bei den Meistern eine Wahrnehmung, die man beginnen kann zu leben, wenn man helfen möchte. Ich wollte helfen. Lieben. Und da ich nicht nur im Feinstofflichen bleiben wollte, aber auch nicht wieder inkarnieren wollte, fand ich in dieser Aufgabe Bestimmung.

Dann habe ich mich Joao vorgestellt, indem ich meine Präsenz in seine Nähe brachte. Dies nahm er wahr und erlaubte mir in ihn zu gehen. Das tue ich gerne, denn ich kann dadurch den Kontakt mit den Menschen wieder leben und in der Liebe sein, die ich eigentlich fühle.

Dann lass uns jetzt nach Abadiânia schauen. Wenn du in Joao bist - wie nimmst du die Menschen wahr?

Ich erkenne ihre Traurigkeit und ihre Schmerzen und ich kann ihnen kommunizieren, wie sie diese überwinden können.

Möchtest du den Menschen etwas als Botschaft mitgeben?

Ja, gerne. Ich fühle, wie sie sich verlieren in Traurigkeit und Hilflosigkeit, doch ich möchte ihnen sagen, dass ihr alle niemals alleine seid. Niemals! Die Kraft ist entscheidend, um verbunden zu sein. Daher bitte versucht, in eurem Leben in kräftegebende Momente zu gehen und nicht in kraftnehmende.

Was machen die Menschen am meisten falsch auf ihrem Weg der Heilung?

∞

Dr. Valdivino

Die Menschen vertrauen nicht genug.

Oft ist es aber so, dass in unserer Welt Vertrauen nur über eine Form geschaffen wird. Doch ihr betont immer wieder, wie wichtig es ist, sich von den engen Formen zu befreien. Wie passt das zueinander?

Das ist richtig, aber ihr müsst unterscheiden zwischen dem Vertrauen in die Form und dem Vertrauen in den Kosmos.

Was hältst du von der Institution Kirche?

Ich halte von dieser Form viel, doch ich bin verwirrt, wie sie diese Möglichkeit, die Menschen zu befreien, missbraucht und genau das Gegenteil verursacht. Ich würde am liebsten eine neue Kirche gründen, wenn ich könnte, doch ich kann nicht und möchte auch nicht dafür wiederkommen.

Die Menschen brauchen aber Glauben und Religionen, was rätst du ihnen?

Ich würde ihnen empfehlen, in diesen Formen ihre eigene Wahrnehmung zu schärfen, um immer dann, wenn es Grenzen gibt, diese zu überwinden und nicht als Grenze zu akzeptieren. Die Liebe ist grenzenlos!

Woher kommt denn der Zusatz „Dr."?

Das haben die Menschen mir gegeben.

Bist du glücklich, Dr. Valdivino?

∞

Ja.

Wann hast Du Dom Inacio das erste Mal wahrgenommen?

Das war in der Ebene der Meister. Dort war er mir schnell ein Freund, da ich seine Art, die Wahrnehmung zu teilen, wirklich mochte, und wir kommunizieren sehr viel miteinander. Diese Kommunikation ist mir eine große Hilfe, um in der Zuversicht zu bleiben.

Warum ausgerechnet in der Zuversicht?

Weil die Menschen die Verbindung verlieren. Sie glauben, dass Beten und Beichten sie befreien, doch ich ermahne die Menschen, dass Beten und Beichten nicht die einzigen Schlüssel in die Reinigung sind, sondern die Reinigung in uns geschieht. Nur wer wirklich heilen und reinigen will, wird rein. Nur wer wirklich betet, wird erhört, nicht wer die Worte nur aufsagt. Ihr glaubt, die Formen bestimmen euer Leben, nicht der Inhalt eurer Seele, das ist manchmal sehr traurig für mich, es wirkt wie Masken einer alten Zeit, die ihr tragt, anstatt Verbindung zu euch selbst zu finden.

Dr. Valdivino bitte sei nicht zu traurig. Sieh auch dieses Werk hier als einen weiteren Schritt, diese leeren Formen mit mehr Bewusstheit zu füllen.

Diese Worte helfen mir sehr, denn ich glaube manchmal nicht, dass unsere Arbeit hier wirklich verstanden wird.

Lass uns doch gleich da einmal ansetzen. Wenn du mitbekommst, dass leere Hüllen sie führen, was möchtest du ihnen mitgeben, um das zu ändern?

Das ist wunderbar, dass du mich diese Fragen beantworten lässt. Die Menschen sollten hierher kommen in einem Bewusstsein, dass wir hier die Chance ihrer Seele sind, in unbeschreiblicher Weise die Wandlung in sich zu vollziehen. Die Stille ist dabei ein wichtiger Schlüssel. Diese Gruppenreisen sind nicht gut.

Doch auch ich war dankbar, dass ich in einer Gruppe reisen konnte, als ich das erste Mal hierher kam. Was möchtest du dazu sagen?

Die Menschen sollen diese Zeilen hier lesen und verinnerlichen in ihrem tiefen Wissen um die Verbindungen. Dann sollen sie bitte alleine reisen, wenn es geht. Die Menschen, die Hilfe brauchen, sollen natürlich in Hilfe reisen, doch generell ist es wichtiger, dass die Menschen ruhiger werden. Die Kommunikation untereinander ist nur eine Ablenkung. Die Stille ist der Wegweiser und hier ist die Stille das Tor in die Seele!
Die lauten Worte im Saal zur Unterhaltung der Menschen sind nicht hilfreich. Lediglich die Gebete unterstütze ich, aber ich unterstütze nicht das Gerede dieser Menschen, die dort Unterhaltung betreiben. Die Menschen sollen sich besser auf sich konzentrieren und in die Stille gehen, um dann bereit zu sein vor Joao zu treten und in die Energie der Wesenheiten zu gehen. Im Saal wird die Vorbereitung bereits eingeleitet, und wenn diese Vorbereitung nicht in Stille geschieht, ist es wie eine verlorene Wanderung, wenn sie dann vor Joao treten.
Die Menschen brauchen Liebe.

Und was können wir ihnen sagen, wo sie diese finden?

> *Die Liebe finden sie in sich. Die Liebe braucht nur Ruhe in uns, dann wächst sie mehr und mehr. Die Ablenkungen eurer Welt und die Gedanken der Menschen in Angst und Furcht werden die Liebe verringern. Daher ist es wichtig, dass ihr ruht und verbunden mit den Energien fühlt, und nicht verbunden mit den besonders Aufmerksamkeit ziehenden Werkzeugen eurer Zeit. Das Werkzeug eurer Seele ist die Stille.*

So mancher Mensch hat Angst, in die Stille zu schauen, weil die Menschen Angst haben, allein zu sein.

> *Das kann ich verstehen, doch ist das nur eine Phase, die bei allen Menschen vorüber geht, wenn sie die nächste Phase betreten.*

Bist du eigentlich eher lustig oder eher traurig?

> *Ich bin eine sehr traurige Wesenheit, da ich die Trauer und die Schmerzen der Menschen empfinden kann.*

Musste ich deshalb weinen?

> *Ja, du musstest aber auch weinen, weil du die Liebe in mir spürst, das ist für dich nicht zu trennen.*

Gibt es einen Ort, den du den Menschen empfehlen möchtest, wo sie die Stille finden können?

> *Das ist nicht an einen Ort gebunden.*

∞

Möchtest du ihnen in Abadiânia einen Platz empfehlen?

Dieser Ort ist der permanente Aufruf, in die Stille zu gehen, daher ist es mir nicht möglich, nur einen Platz zu benennen.

Magst du mir noch etwas sagen?

Ich habe schon viel gesagt von dem, wie ich es wahrnehme, doch ich kann dir gerne noch mehr berichten über die Art, wie ich kommuniziere. Ich nehme die Trauer in den Menschen als verbindungslose Energie wahr. Diese Energie ist wie eine Panzerung. Diese Panzerung braucht Liebesenergie, um aufgelöst zu werden, und das geht nur Stück für Stück. Ich kann daher jeden Menschen nur aufrufen, in die Energie der Liebe zu gehen und sich dort zu öffnen, um diese Panzer zu lösen.

Wie viele Menschen, die vor dich treten, möchten Heilung und wie viele möchten nur Aufmerksamkeit?

Diese Frage ist sehr wichtig. Ich kann dir sagen, dass die meisten Menschen nur Aufmerksamkeit möchten, wenn sie Krankheiten haben, diese Krankheiten bringen ihnen diese Aufmerksamkeit.

Und diesen Menschen sagen wir, dass sie die Liebe nicht auf diese Weise suchen sollten, sondern in sich.

Ja genau, diese Aufmerksamkeit, die sie versuchen, über diesen Weg zu bekommen, ist nicht die Aufmerksamkeit, die wir Liebesenergie nennen. Es ist eine Verschmutzung der Wahrnehmung der Seele, und das verwirrt die hilfesuchende Seele sehr, denn sie sucht

Wandlung, doch der Mensch sucht Aufmerksamkeit. Ihr nennt es auch Ego. Wenn die Menschen erkennen, dass die Liebe in ihnen ist und nicht von außen in sie wirken kann, dann beginnen sie den Weg in die wahre Bestimmung und Beglückung als Teil der Liebe. Diese Erfahrung wird aber nur offenbart, wenn die Menschen die Liebe über die Aufmerksamkeit des Egos stellen. Das Gefühl von Glück ist daher nicht im Außen zu finden, sondern ausschließlich ein Produkt der Erfahrung der Liebe IN EUCH.

Kannst du mir sagen, ob es mehr Menschen geworden oder gleich viele sind, die derartig sind?

Seit vielen Jahren verändert sich diese Tatsache nicht. Es bleiben immer gleich viele, die nur Aufmerksamkeit suchen, und gleich wenige, die wirkliche Heilung suchen.

Das Problem ist aber, dass viele Menschen fest glauben, dass sie wirklich Heilung suchen und gar nicht wissen, dass sie nur Aufmerksamkeit suchen über die Krankheit! Wie können wir ihnen übermitteln, wo sie das falsch wahrnehmen?

Das ist leicht zu erkennen. Die Aufmerksamkeit finden sie über die besonders viele Kommunikation mit den Menschen über diese Krankheit. Die Menschen, die wenig kommunizieren hier, sondern in der Stille lauschen, sind diejenigen, die die Heilung suchen.

Lieber Dr. Valdivino, was genau passiert, wenn ihr mit diesem Gerät/ Zange in die Nasen der Menschen geht?

Die Energie, die wir aufwenden, wenn dies geschieht, ist wie eine

Spritze in die Seele. Dabei geben wir die Kraft, die wir haben, in den Körper und darüber hinaus in die Seele. Das ist, weil wir die Öffnung nutzen müssen. Du weißt doch auch schon, dass die Menschen offen sein müssen, um die Energie zu empfangen.

Ja ,das weiß ich, aber wieso geht ihr nicht in den Mund?

Das geht nicht, weil dort die Schluckorgane sind, die das blockieren würden, daher brauchen wir eine Öffnung, die groß genug ist, um die tiefe Wucht zu haben, und dennoch nicht blockiert zu werden.

Ach so, und in die Ohren ist der Kanal/Weg zu klein, richtig?

Ja genau.

Ist das nicht auch gefährlich, dass ihr da Menschen verletzt?

Nein, diese Bewegung wird nur so tief in den Körper hinein platziert, dass die Kraft in die Seele kommt, doch nicht der Körper dabei zu Schaden kommt. Das ist wie eine Nadel, die nur an der Oberfläche kratzt, dennoch aber die Oberfläche erreicht. Du kannst es dir vorstellen wie eine beschleunigende Energie, die mit diesem Werkzeug in die Schichten des Menschen geführt wird. Das ist die Besonderheit dieser Art, sie ist sehr rabiat. Die Menschen, die diese Art der Behandlung bekommen, sind sehr verschlossen.

Kann man also sagen, dass diese Energieübertragung nicht nur über eine Berührung geschehen kann sondern derartig Wuchtiges braucht?

Jein, die Frage ist nicht die Wahrnehmung der Kraft, die wir geben, sondern die Offenheit der Menschen. Diese Form der OP ist die Form der Operation für die Menschen, die meist sehr zweifelnd in sich sind.

Und die weißen Kugeln sind sicher auch alle wachsam, um zu vermeiden, dass etwas passiert, richtig?

Ja.

Ich habe einmal erlebt, wie jemand bei einem derartigen Eingriff sehr stark geblutet hat, wo doch ansonsten fast nie Blut fließt. Was genau ist der Grund dafür?

Dann sind die Blockaden in ihm so stark gewesen, dass wir sehr rabiat vorgehen mussten, da es sonst keinerlei Wirkung gehabt hätte. Die Kruste der Verbindung war so dick, dass es sonst nicht anders gegangen wäre. Das Blut ist ein Zeichen für den Fluss, der dann wieder begann zu fließen. Wir beobachten Derartiges sehr genau. Keine Sorge.

Hab ich das also richtig verstanden, dass die Kraft prinzipiell genauso ist (je nachdem, was derjenige gerade verträgt in seiner Seelenkraft), doch diese Form der OP eben für diejenigen ist, die am meisten zweifeln oder eben am meisten verkrustet sind?

Ja genau.

Und was ist die Qualität der OPs im Auge?

Auch da arbeiten wir an einer Öffnung in die Seele, dort ist es die zartere Version, wir müssen nicht so rabiat die Kraft in die Seele bringen, die Blockaden sind nicht so groß.

Lieber Dr. Valdivino, ich bedanke mich sehr für das tolle und ausführliche Gespräch.

Ich freue mich wirklich sehr, dass du diese Botschaften in die Welt bringst. Es ist wichtig und sehr notwendig. Ich danke dir.

Dr. Augusto

Über ihn ist nicht viel bekannt. Medium Joao sagt, dass er ihn schon von vergangenen Leben kennt und dass er Angehöriger des Militärs, Arzt und Kautschukarbeiter war. Das Geistwesen Augusto de Almeida behandelt mit am meisten diejenigen, welche die Casa aufsuchen. Anhand seiner fordernden, manchmal gar schroffen Art, kann man ihn leicht erkennen. Man könnte sagen, er zeigt sich in einer Art „militärischer" Haltung. Er wird durch sein energisches Betragen, welches viel Disziplin von all jenen fordert, die an den Arbeiten teilnehmen, von den ältesten Besuchern der Casa leicht identifiziert.

In seinem Leben als Arzt, erlebte er, wie die Menschen viel Leid ertragen mussten, denn zu jener Zeit gab es noch keine Betäubungsmittel. Er operierte, während der Patient auf einen Lappen biss, um den Schmerz aushalten zu können. Aufgrund der miterlebten Leiden widmet er sich nun der Linderung der Schmerzen all jener, welche die Casa de Dom Inacio aufsuchen, wo er sowohl Heilungen als auch chirurgische Operationen durchführt, und auch Medikamente verschreibt.
Er ist äußerst gerecht, realisiert mit höchster Seriosität seine Arbeit, den Menschen zu helfen, und erlaubt keine Unterbrechung seiner Behandlungen.

Quelle: Spirituelle Heilung, Ismar E. Garcia

Dr. Augusto

Interview

Liebe Wesenheit, die von den Menschen als Dr. Augusto benannt wird. Es freut mich, dich auch kennen zu lernen. Ich möchte nun heute ein bisschen mehr über dich erfahren. Gibt es etwas, was du mir als Allererstes erzählen möchtest?

Sehr vieles.

Lass uns doch einfach anfangen bei deinem letzten Leben. Ist das in Ordnung?

Ja.

Dann lass uns in deinem letzten Leben beginnen. Was gab es für wichtige Stationen in deinem Leben? Gab es etwas Besonderes in deiner Kindheit oder Jugend?

Die Kindheit war sehr schön und ich hatte viele Förderer. Dann kam ich zum Militär und wollte dort innere Medizin studieren. Das habe ich getan und verbrachte viel Zeit mit dieser Aufgabe.

Gab es Dinge, die dich besonders berührt haben, während du diese Aufgabe erfüllt hast?

Sehr viele.

Berichte mir.

Ich war die meiste Zeit damit beschäftigt, die Menschen in ihrer Verzweiflung wegen der Verletzungen zu behandeln. Das hat mich viel Kraft gekostet. Doch ich habe viel lernen dürfen durch diese Tätigkeit.

Hast du auch Beine amputiert und solche Sachen?

Ja.

Also hast du innere Medizin studiert aber auch chirurgische Eingriffe durchgeführ?

Das ist im Prinzip beim Militär alles in einem Studium.

Dr.Augusto, ich kann noch nicht ganz verstehen, wie Du zu der Wesenheit geworden bist, die nun durch Joao hindurch arbeitet. Wie war der Weg dorthin ? Wie kam es dazu?

Du musst mir helfen, die Worte zu finden. Die Traurigkeit, die ich damals empfand, war noch viel stärker, als ich es in Worte fassen kann.

Verstehe. Was hat dich denn traurig gemacht?

Die Ohnmacht, das Leiden nicht lindern zu können.

Hattest du eigentlich Frau und Kind?

Ja.

Dr. Augusto

Und hast du dich für spirituelle Dinge interessiert?

Das habe ich.

Und wie hast du sie studiert?

Bei Meditation und Ruhe habe ich versucht, die Antworten zu finden, wie ich mit dieser Traurigkeit umgehen kann. Doch ich habe noch andere Bereiche erforscht dadurch.

Welche zum Beispiel?

Die Seele.

Das ist interessant. Was genau hast du da erforscht?

Die Seelenenergie.

Und wie hast du das gemacht?

Ich habe die Energie des Menschen versucht in Kategorien von Seelenenergie zu kategorisieren. Dadurch war es mir leichter verständlich, warum manche Menschen mehr Kraft hatten und andere weniger.

Das kann ich unterstreichen. Ich habe darüber auch ein Buch geschrieben. Ich habe von 1000 Watt Birnen gesprochen ... aber das sagt dir jetzt nichts, weil ihr damals keinen Strom hattet, oder?

Doch. Die Kraft einer Seele ist an ihre Bewusstheit gebunden.

Ja, das kann ich unterstreichen. Und dann warst du also ein Seelenforscher, wie ich es jetzt gerne bin. Gibt es weitere Erkenntnisse, die du erlangt hast?

Die Seele ist nie in Trennung von der Quelle. Nur die Menschen nehmen diese alles verbindende Energie nicht bewusst wahr.

Worin hast du das messen können, oder wie hast du das erfahren?

Durch die besorgten, lieblosen Energien, die die Menschen ausstrahlten, habe ich gewusst, dass sie nicht bewusst verbunden sind.

Hast du in deinem Leben sehr bewusste Wesen kennen gelernt?

Das habe ich nicht oft.

Wie ging es dann weiter? Hast du noch andere Erkenntnisse gehabt?

Ja.

Zum Beispiel?

Dass die Menschen in ihrer Jetzt-Wahrnehmung nicht sehr bewusst sind.

Du meinst damit, dass sie nicht sehr im Moment leben, richtig?

Ja.

Was waren die weiteren Erkenntnisse?

Die weiteren Erkenntnisse waren, dass ich die Menschen nicht erleuchten kann, wenn sie es nicht wollen.

Ja, das kann ich verstehen. Hast du all diese Erkenntnisse erworben, als du beim Militär warst, oder wie war das?

Diese Erkenntnisse habe ich in dieser Zeit gemacht, doch viele auch danach.

Zum Beispiel?

Das Wesen der Seele ist formbar in seiner Form.

Wie meinst du das genau?

Die Energie der Seele ist wie eine Kugel aus Gummi.

Kautschuk.

Ja. Das ist richtig.

Wie eine Energie aus Kautschuk?

Ja.

Weiter ...!

Diese Energie kann man einwirkend beeinflussen. Ich habe das bemerkt, als ich die Menschen behandelte und dabei an Schönes dachte. Dann wurden sie verwandelt durch diese Gedanken.

Wie hast du diese Verwandlung wahrgenommen?

Durch die Freude, die sich langsam in ihnen ausdrückte, ohne dass ich Worte verwendete.

Schön. Dann hast du ja zeit deines Lebens richtig herumexperimentiert an der Seele.

Hm.

Und bist du die ganze Zeit deines Lebens als dieser Arzt tätig gewesen?

Die meiste Zeit.

Und dann?

Dann hab ich mir mit Verreisen die Zeit verschönert.

Du bist mit Frau und Kind gereist?

Ja.

Ein Kind?

Zwei Kinder. Ein Junge und ein Mädchen.

Dr. Augusto wie war dein Übergang?

Diese Information möchte ich bitte für mich behalten.

Aber gern. Darf ich dich trotzdem fragen, wie es nach dem Übergang dazu gekommen ist, dass du jetzt hier als Wesenheit arbeitest? Was waren die Komponenten dazu?

Das ist eine lange Geschichte. Ich begann in den anderen Ebenen die Freude mehr kennen zu lernen. Dadurch verstand ich, dass die Liebe ein Heilmittel ist, das ich im Leben nicht einsetzen konnte. Doch diese besondere Kraft war mir hier in feinstofflichen Gegenden leichter zugänglich als im Körper eines Menschen. Dadurch wuchs der Wunsch, dass ich den Menschen helfen könnte mit dieser Liebe.

Und wie bist du dann nach Abadiânia und zu Joao gekommen?

Dann begann ich mich auf die Suche zu machen nach einer Energie, die rein genug ist, um in ihr zu arbeiten. Das fand ich hier, in Abadiânia.

Okay und dann?

Dann habe ich gesehen, wie der Joao in dieser Funktion wirkt, und habe begonnen mit ihm zu arbeiten.

Dr. Augusto, jetzt habe ich eine Frage. Du hast dich bei ihm vorgestellt und er hat gesagt: „Komm zu mir"?

Das war in etwa die Art.

Seitdem gehst du zu ihm und ihr operiert zusammen. Sichtbar und nicht sichtbar. Was kannst du zu den sichtbaren, also physischen Operationen sagen?

Diese Operationen sind eine sehr verbindende Aktion.

Wie meinst du das?

Die Art der Operation ist eine verbundene. Wir stärken die Verbindung über diesen Prozess.

Ich kann dich nicht ganz verstehen. Bitte kannst du andere Worte wählen? Meinst du mit Verbindung die Verbindung zu Joao oder zu euch?

Die Menschen, die die Operationen in ihrem Körper machen lassen, werden dadurch in einen Zustand gebracht, der sie völlig hingebungsvoll macht. Diese Hingabe ist der Schlüssel.

Was, die Hingabe?

Ja.

Dann musst du mir bitte erklären, warum es dann die Operation braucht, wenn nur die Hingabe nötig ist? Würde es nicht ausreichen, wenn ihr einfach nur über die Haut streicht und sie irgendetwas spüren?

Das würde prinzipiell reichen, doch ich weiß, dass die Menschen visuell denken und ich habe deshalb lieber auch für sie wirklich sicht-

bare Verbindungen in den sichtbaren Operationen hergestellt.

Manchmal kratzt ihr im Auge. Was genau geschieht da?

Dann begeben wir uns in diesen Teil der Seele, der mit dem Auge verbunden ist. Das ist wie ein Meridian, mit dem wir arbeiten.

Aber warum nehmt ihr nicht irgendeinen Meridian?

Sei bitte vorsichtig in deinen Fragen, du verwirrst die Menschen sonst.

Oh Entschuldigung. Also ihr nehmt die Augen, weil man dort direkt den Meridian genau erreicht, in dem ihr arbeiten möchtet. Was genau geschieht, während ihr dort auskratzt?

Die Meridian-Seelenenergie, die dort fließt, wird dort bereinigt.

Lieber Dr. Augusto, wenn ihr andere Operationen macht am Körper ... manchmal gibt es Schnitte und so, dann fließt nie wirklich Blut ... also sagen wir mal selten. Hast du eine Erklärung dafür? Wie macht ihr das?

Das ist ganz einfach. Wir betäuben diese Stelle.

Wie macht ihr das?

Diese Stelle wird mit Energie so behandelt, dass sie wenig Blut fließen lässt und dabei beginnt sich die Wahrnehmung dieser Stelle zu verändern. Das bedeutet einerseits weniger Empfindungen und an-

dererseits weniger Blut.

Wenn du sagst, ihr betäubt diese Stellen. Wie betäubt ihr sie?

Das geschieht über eine besondere Art an Energie, die wir durch die Wesenheiten der Reinigung bekommen.

Wie darf ich mir das vorstellen? Kannst du mir dazu irgendwie ein Bild malen, das ich den Menschen weitergeben kann ...? Wenn ihr visuell operiert und du zum Beispiel in Joao inkorporiert bist und er wieder Werkzeuge um sich herum halten lässt ... Wann arbeiten die Lichtkugeln an den Menschen? Ich kann doch Lichtkugel sagen zu den Wesen der Reinigung, oder?

Ja.

Wann arbeiten diese Kugeln und wie?

Die Lichtkugeln bereiten diese Operation schnell vor. Das geht in eurer Zeit im Bruchteil einer Sekunde. Diese Information, die dieser Ort der OP braucht, wird in ihn initiiert wie eine Spritze durch die Aura des Menschen. Dort wirkt sie für kurze Zeit.

Das heißt, wenn der Joao beginnt, die Menschen auf die Bühne zu holen ...

Ja.

Meistens stellt er sie an die Wand oder er setzt sie hin.

Die Lichtkugeln arbeiten, sowie die Entscheidung gefallen ist.

Okay. Dann beginnt ihr zu arbeiten und die Menschen werden hingelegt und liegen im Raum nebenan. Was geschieht dort?

Dort wird diese Information wieder aus der Aura entnommen und die Heilung in ihnen kann beginnen. Dieser Prozess ist letztlich in der Verantwortung der Menschen selbst, doch wir beschleunigen dies durch diese Operation.

Okay, möchtest du noch etwas sagen zu diesen sichtbaren Operationen? Etwas, was du den Menschen mitgeben möchtest, dass sie es wissen ... dass sie sich daran halten können.

Das möchte ich gerne. Die Operationen, die die Menschen hier bekommen, sind nicht vergleichbar mit dem, was ihr in eurer Welt kennt. Die eigentliche OP besteht in der Seele. Dort wird Seelenenergie aktiviert und diese beginnt die Heilung.

Lieber Dr. Augusto, wie fühlst du dich in der Ebene, in der du jetzt bist mit diesen Erkenntnissen?

Du kannst dir vorstellen, wie ich mich fühle. Ich bin sehr erleichtert, dass es einen Weg gibt, die Menschen wirklich zu heilen.

Hattest du eigentlich nie wieder vor, auf die Erde zu kommen?

Nein. Diese Art, die ich hier als Wesenheit erleben darf, ist für mich die beste. Ich bin nicht gefangen in einem Körper und doch kann ich ihn benutzen, um zu helfen. Dazu kommt die Erleichterung, dass ich nicht sterben werde mit diesem Wissen, sondern dass es fortan bestehen wird und ich immer so sein kann, bis ich es ändern möchte.

Lieber Dr. Augusto, möchtest du etwas zu den unsichtbaren Operationen sagen?

Die unsichtbaren Operationen werden in Zukunft mehr werden, da ich besonders viel Wert darauf lege, dass die Menschen viele Operationen bekommen.

Warum legst du da so viel Wert drauf?

Das ist eine Frage der Energie. Die Menschen verlieren immer mehr Energie in ihrer Art, nicht verbunden zu leben. Dieser Verlust kostet sie Kraft. Das hat einen Teufelskreis zur Folge. Weniger Energie ist weniger Verbundenheit. Weniger Verbundenheit kostet noch mehr Energie.

Ich habe gestern auch eine OP erlebt und ich hatte eine sehr interessante Erfahrung, dass ich meine Energie gespürt habe, dass ich gereinigt wurde, dass Sachen herausgenommen wurden. Kannst du es bestätigen, oder wie nimmst du die Operationen wahr?

Ich kann das bestätigen. Deine Wahrnehmung ist sehr außergewöhnlich und du wirst den Menschen viele wertvolle Informationen geben durch diese Wahrnehmung, die die Menschen bewusster machen könnte.

Lieber Dr. Augusto, was möchtest du den Menschen mit auf den Weg geben, wenn sie sich in eure Hände begeben?

Dr. Augusto

Dass sie bitte mehr Vertrauen in die Kraftwesen haben ...

Möchtest du sagen, dass ihr die Kraftwesen seid oder alle?

Die Wesenheiten, die in Joao inkorporieren, sind die Kraftwesen. Die anderen sind die Helfer.

Und die Helfer sind auch die, die reinigen?

Hm ... Die Reinigung wird durch uns getan und die Wesenheiten der Reinigung begleiten dies.

Ich habe heute Morgen ein Interview mit einer Lichtkugel geführt, die sich als Wesenheit der Reinigung bezeichnet hat. Ich möchte sie nur richtig einordnen. Das sind letzten Endes Helfer, gell?

Ja, das sind sie.

Das ist eine Vielzahl. Aber wenn ihr auch reinigt und sie die Wesenheiten der Reinigung sind ... wieso sagt man dann nicht auch zu euch Wesenheiten der Reinigung?

Das könnte man, doch wir sind noch etwas persönlicher.

Hm, verstehe, deswegen seid ihr nicht „nur" die Wesenheiten der Reinigung, sondern auch Erinnerungen an eure Leben und all die damit einhergegangen Erfahrungen in einem Organismus, richtig?

Ja.

Ja, das macht Sinn. Okay, Dr. Augusto, gibt es etwas, das dich traurig macht?

Das gibt es.

Möchtest du mir davon berichten?

Die Traurigkeit in den Menschen macht mich traurig, da ich nicht helfen kann, weil ich nicht immer alles erklären kann, um ihnen diese Traurigkeit zu nehmen.

Und gibt es etwas, das dich freudig macht?

Das Verbinden der Energien das ist ein wunderschönes, sehr beglückendes Gefühl.

Also wenn eine Seele wieder ihre Verbindung findet, richtig?

Ja.

Lieber Dr. Augusto, du wirkst sehr streng, woher kommt das?

Sehr streng?

Na ja, sehr ernst.

Das kommt von meiner letzten Ausbildung als Militärsoldat. Damals war dies die Art, wie wir kommuniziert haben, und die habe ich noch in mir.

Meinst du, du wirst sie im Laufe der Zeit ablegen?

Nein.

Ich frag nur, weil die Menschen von dir erzählen, dass du in deinen Behandlungen und OPs immer sehr streng bist und sehr ernst wirst, wenn Menschen nicht diszipliniert bei der Sache sind. Aber weißt du, die Freude ist auch wichtig.

Das weiß ich. Doch diese Arbeit kostet uns alle viel Aufmerksamkeit und wir brauchen diese Aufmerksamkeit auch von den Menschen, daher muss ich ihnen Form geben.

Das verstehe ich. Hast du eigentlich eine Meinung zu den Glaubensbildern der Menschen?

Die Menschen wirken immer weniger verbunden. Das ist ein sehr großes Problem.

Hast du eine Idee, wie sie das lösen können?

Das können sie sehr einfach, indem sie nicht mehr im Außen nach den Antworten suchen, sondern in ihnen. Seelensprache ist keine Sprache, die Worte braucht.

Was machen die Menschen am allermeisten falsch?

Die Menschen hier an diesem Ort bleiben meistens in ihrem Bewusstsein dort, wo sie immer waren. Doch ich wünschte, sie würden sich bewegen.

∞

Du meinst, sie sollten ihr Bewusstsein bewegen.

Ja.

Das kann ich bestätigen, aber ich habe immer noch nicht die Antwort gefunden, warum sie es nicht tun. Was meinst du, warum sie es nicht tun?

Das kann ich dir nicht beantworten. Ich achte den freien Willen und ich beschütze die Entscheidung, doch ich kann sie nicht immer verstehen.

Eine Wesenheit hatte mir einmal gesagt, dass sie es schade findet, dass Menschen hierher kommen, um Aufmerksamkeit zu bekommen und gar nicht, um wirklich zu heilen. Kannst du das bestätigen?

Ja... leider.

Gibt es einen Ort, an dem du dich befindest? Bist du hier oder auf einer anderen Ebene?

Ich bin auf der vierten Ebene. Wie wir alle. Dort wirke ich in die Materie hinein. Du bist nun mit mir in der vierten Ebene verbunden.

Wenn du in den Joao inkorporierst, wie fühlt sich das für dich an?

Das fühlt sich sehr eng an. Ihr seid viel kleiner als die Energien unserer Seelen.

Ich habe vorhin im Kristallbett eine Vision gehabt, wo ein Wesen ziemlich große Hände hatte und meine Hände genommen hat ... kommt es von der Dimension in etwa hin?

Ja.

Aber dann seid ihr ja gefühlt locker zwei mal so groß wie Joao.

Genau.

Okay, und wenn ihr in den Räumen seid und die Menschen dort gerade meditieren, wo haltet ihr euch da auf?

Da befinden wir uns in den Räumen, die ihr besucht, doch bitte verwechsle nicht, dass wir nicht immer dort in unseren ganzen Formen sind, sondern meist nur mit dem Bewusstsein.

Ja, das verstehe ich, das macht Sinn. Wie viele Wesenheiten sind denn meistens so richtig da, mit der ganzen Form?

Das ist meistens nur eine Wesenheit. Der Rest wirkt von der vierten Ebene.

Oh, aber die weißen Kugeln sind alle da?

Ja. Die Lichtkugeln sind die Helfer.

Kann man sagen, die Lichtkugeln sind wie Engel?

Ja.(Er lacht.)

Das ist aber schön, dass du auch mal lachst.

Aber ich lache doch.

Ja, aber du wirkst halt so ... streng.

Es tut mir leid, ich bin eben so.

Nein, nein, es ist alles gut. Möchtest du mir noch etwas sagen?

Ich bedaure, dass ich nicht so lustig bin, wie du es gerne hättest, doch ich bin noch verbunden mit den Erfahrungen und Eindrücken des letzten Lebens, und daher ist es nun mal so ...

Aber das ist doch absolut in Ordnung. Dafür musst du dich nicht entschuldigen. Ich wollte es dir nur sagen. Ich weiß ja nicht, ob du das weißt ...

Das weiß ich.

Okay. Magst du mir beschreiben, wie du die Menschen wahrnimmst, wenn du sie behandelst? Also wenn du in Joao bist ...

Dann nehme ich ihre Aura wahr und sehe die Energiefelder darin. Das Meiste ist verunreinigt, das bereinigt werden muss. Und ich kann die Menschen führen und ihnen sagen, was sie tun müssen, um ihre Reinigung zu erfahren.

Ich weiß nicht, aber kann es sein, dass ich dich, als ich das erste Mal da war, getroffen habe?

∞

Ja.

Und du hast gesagt, dass du mich heilen kannst?

Ja.

Was hast du gesehen?

Dass du noch ein paar Felder der Verunreinigung in dir hattest ... Doch ich weiß, dass du diese bald bereinigt hast und dann werden auch deine Augen besser!

Wieso eigentlich? Moment, jetzt kommt es mir langsam ... Wenn ihr die Augen nutzt als einen Kanal, einen Meridian in die Seele, dann sind die Augen mein Indiz für die Verunreinigung?

Ja.

Das ist ja spannend. Wieso sagt mir das keiner? Entschuldigung!

Das ist in Ordnung, dazu bin ich gerne da, um dir diese Fragen zu beantworten.

Okay, cool. Wie nimmst du eine starke Verbindung eigentlich wahr?

Das tue ich, indem ich sehe, dass die Seele nach oben in die Energie des Kosmos besonders verbunden ist ...

Wie kann ich mir das vorstellen, die Energie des Kosmos? Geht da ein Strahl oder ein Strick raus? Wie ist das?

Du musst es dir vorstellen wie eine Verbindungsschnur, die in den Kosmos reicht.

Aha, okay. Und wenn du sagst, die Menschen sind nicht verbunden ... Ich glaube diese Schnur reißt ja nicht ab, aber wie sieht diese Verbindung dann aus?

Dann ist sie ganz schmal und dünn.

Ah. Und wenn man verbunden ist, ist sie dicker?

Ja.

Und woran erkennt ihr dann, wie bei mir, dass jemand eine Gabe hat? Dass die entsteht ...

Das erkennen wir an der Form der Schnur. Die dann sehr breit ist.

Aha. Als ihr mir gesagt habt, dass ich eine Gabe entwickle, war die Schnur also schon breit?

Das war sie und ist sie. Dadurch bekommst du die Informationen, die im Kosmos bereitstehen für dich, und dieser Kanal ist deine Gabe.

Und was verändert sich jetzt im Laufe der Zeit an dem Kanal und mir? Hier durch diese Reinigung ... Wird dieser Kanal noch breiter, verändert er seine Farbe, wie darf ich mir das vorstellen?

Die Farbe des Kanals wird weißer.

Ach, das ist aber nett.

Das ist nicht nett. Das ist die Realität.

Lieber Dr. Augusto, gibt es denn viele Menschen mit so einem breiten Kanal?

Nein.

Schade eigentlich, warum?

Das kann ich dir nicht beantworten. Es ist so.

Welche Verbindung haben die meisten Menschen, wenn sie herkommen?

Die meisten Menschen haben eine leicht deformierte Schnur, die nicht wirklich besonders verbunden wirkt. Ich versuche durch die Meditationen dort diese Verbindung wieder zu stärken, doch es ist sehr mühsam. Die Gedanken der Menschen sind das Problem. Die Ängste und erschaffenen Blockaden verhindern dies ständig. Ich bin manchmal wirklich sprachlos, wie langsam diese Prozesse gehen, denn es ist eigentlich nicht so kompliziert. Doch manchmal blockieren die Menschen ihre Entwicklung.

Ja. Hast du eine Erklärung, warum sie das tun?

Das kann ich nicht sagen, ich weiß es nicht.

∞

Gab es eigentlich einmal eine Heil-Session, die dich sehr berührt hat?

Nein.

Hm. Ist das so, weil ihr generell nicht so viel von den Menschen mitbekommt?

Es ist so, weil wir uns konzentrieren, in unserer Energie zu bleiben und uns nicht den Menschen und ihren Themen hinwenden können. Das müssen die Menschen selbst.

Ja, ich verstehe. Ich weiß nicht, ob es Dom Inacio war oder eines der anderen Wesen ... man hat mir erklärt, dass es letzten Endes eine Energiebefeuerung ist, was ihr da tut.

Ja. In die Seele kommt Energie, das ist der Schlüssel. Diese Energie kann die Seele bewegen... in ihre Heilung bewegen, oder die Menschen blockieren diese Heilung wieder. Das ist nicht mehr meine Aufgabe.

Gibt es eigentlich eine Wesenheit, mit der du sehr oft Kontakt hast?

Das ist die Wesenheit Dr. Valdivino.

Was magst du an ihm so?

Die Liebe in ihm ist sehr groß. Er ist wie ein Vater zu mir.

Gibt es eigentlich so etwas wie ein Gefühl von Einsamkeit, dort wo du bist?

Sehr wenig, aber ich weiß, was du meinst. Es ist nicht Einsamkeit, die man hier empfindet. Es ist Isolation durch Aufgabe, doch ich befürchte, diese Worte sind nicht die richtigen. Denn Isolation ist auch nicht das richtige Wort. Es ist nichts von einander getrennt und wir empfinden hier nicht in Trennung. Daher ist Isolation nicht wirklich. Ich meine damit, dass die Konzentration auf diese Aufgabe wirklich sehr viel Aufmerksamkeit braucht. Diese Kraft ist dann nicht für andere Dinge im Kosmos verfügbar.

Ich verstehe ... aber das ist eben so ...

Genau.

Lieber Dr. Augusto, was möchtest du den Menschen als Botschaft mit auf den Weg geben?

Dass sie mehr vertrauen müssen. Die Heilung ist keine Sache, die wir über Nacht erreichen können, sondern die Heilung ist ein Weg und es braucht Schritte, um diesen Weg zu gehen. Daher bitte vermittle ihnen, dass sie geduldig sind, die Energien wandeln sich nicht über Nacht. Das ist ein Prozess.

Gibt es einen Lieblingsort hier in der Casa, in dem du mit deinem Bewusstsein sehr gerne bist?

Das ist die Kapelle.

Ihr seid alle gerne in der Kapelle, wieso?

Die Energie dort ist sehr hoch und sehr rein. Ich mag diesen Ort sehr.

∞

Was kann ich in der Kapelle tun?

Das ist dir überlassen. Die Kapelle ist nur der Ort, der sehr rein ist.

Schön. Warum ist das so?

Das kann ich dir nicht beantworten.

Lieber Dr. Augusto, was möchtest du mir denn noch sagen?

Dass wir hier die Verbindung in die anderen Bereiche des Kosmos haben. Und dadurch ist es dir auch so viel leichter, mit uns zu kommunizieren.

Kannst du mir sagen, wie du visuell Abadiânia oder sagen wir mal die Casa und den Bereich darum wahrnimmst?

Das kann ich gerne. Ich sehe diesen Bereich als sehr weiß und hell. Ich brauche dazu eigentlich ein anderes Wort, aber ich finde es nicht.

Verstehe. Lieber Dr. Augusto, was möchtest du noch sagen?

Sehr gerne möchte ich dir berichten, wie ich mich fühlte, als ich den ersten Menschen behandelt hatte als Wesenheit.

Gerne.

Damals war ich noch sehr, sehr in meiner Wahrnehmung von dem letzten Leben, aber ich habe mich versucht zu konzentrieren und die Energie des Menschen wahrzunehmen. Dann habe ich ihn gesehen und bei ihm die Energiefelder. Da wusste ich, ich bin richtig und habe mich sehr gefreut, dass ich endlich einen Weg gefunden habe, die Seele zu erkennen und zu heilen.

Das kann ich sehr gut verstehen! Oh, Dr. Augusto, mein Arm tut mir langsam weh. Ich glaube, wir müssten mal eine Pause machen. Können wir dann nachher weitermachen? Was hältst du davon?

Das wäre toll.

Du plauderst ja richtig.

Ich beauftrage dich damit, dass du mich wieder kontaktieren sollst.

Oh, dann werde ich das tun, wenn du mich damit beauftragst.

Das ist ein Witz gewesen.

Oh, du bist ja richtig lustig.

Das ist schön, dass ich dich zum Lachen bringe.

Das freut mich. Ich werde jetzt zum Essen gehen.

*

∞

Nach dem Essen geht es weiter und ich melde mich zurück zum Aufzeichnen.

Ich melde mich zurück, „Oberst". Dr. Augusto und bin bereit, weitere Infos, die du preisgeben möchtest, aufzuzeichnen.

Das freut mich. Ich möchte dir noch berichten, wie die Energie des Ortes verbunden ist mit der Energie der Seelen.

Ja bitte, das ist sehr interessant. Das passt auch sehr gut.

Die Energie in einem Ort ist der Grund, warum dort welche Qualität inkarniert. Das ist wie mit Farben, die in Resonanz zueinander verschönernd oder nicht harmonisch wirken. Die Energien des Ortes wirken meist immer in Resonanz mit den Seelen des Ortes.

Das heißt - das würde mich jetzt interessieren - ist die Ursache der Energie eines Ortes die Energie des Ortes oder die Energie der Seelen?

Die Ursache ist die Energie, die der Ort ermöglicht, dennoch ist alles immer auch miteinander verbunden. Dennoch ist der Ort in sich kräftiger. Die Energie des Ortes zieht die Energien der Seelen an, oder eben nicht.

Gerade lebe ich in Österreich. Wie würdest du denn Österreich rein energetisch bezeichnen?

Dieses Land ist sehr schön, doch die Energie der Menschen dort ist leider etwas beengend. Das hat die Ursache in der Vergangenheit eurer Geschichte der Länder. Ich habe Österreich einmal als

Mensch besucht und ich war damals sehr angetan von der Schönheit der Berge dort. Aber ich habe gefühlt, wie die Menschen dort in Unbewusstheit gefangen sind.

Wie sieht es denn mit Deutschland aus? Kannst du zu der Energie dort ein bisschen etwas sagen?

Das ist ähnlich. Ich war auch schon in Deutschland. Dort war es genauso. Die Energie der Menschen dort ist sehr beengend.

Wie ist es mit England?

England ist besser. Dort finden viele Wesenheiten der Reinigung ihre Energieplätze. Das ist der Grund, warum ihr dort auch Botschaften findet, die in den Feldern gemalt werden. Das sind die Wesenheiten der Heilung, die mit euch in Kontakt treten wollen, damit ihr erwacht.

Wie sieht es mit Frankreich aus?

Das ist noch mal anders als die anderen Länder, denn dort ist die Energielinie der Vorsehungen.

Was ist denn das?

Die Energie der Vorsehung bestimmt die Entwicklung der Menschheit in gewisser Weise. Diese Energielinie ist wie ein Meridian der Erde anzusehen. Dort ist die Energielinie des Herzchakras zu finden. Dadurch ist die Linie mit der Herzenergie der Menschen verbunden und diese zeigt ihr Schicksal.

∞

Verstehe. Und was sagt die Herzlinie gerade?

Diese Herzlinie sagt, dass die Menschen weniger und weniger in Verbindung miteinander bestehen und dass dies die Energie der Menschheit verblassen lässt. Ich schaue mit einem wehmütigen Auge in diese Richtung, da ich es nicht wahrhaben will, was ich sehe.

Ich bin ehrlich gesagt ein bisschen sprachlos, weil die Menschheit selbst sich sehr damit brüstet, dass sie doch so intelligent, weit entwickelt und ach so verbindend handelt ... Alle möglichen Spendenfirmen gibt es, Fonds und so weiter ... viele Institutionen, die helfen. Wie geht das zusammen mit der Info, die du da hast?

Viele Menschen helfen nicht aus Liebe, sondern aus Berechnung. Das ist das Problem. Dann wird das Helfen nur eine Maske wie die Totemmaske bei den Indianern.

Und was ist die Ursache? Kannst du das sagen?

Nein.

Das ist ja grausam. Traurig, meine ich. Sehr traurig.

Ich kann es mir nicht anschauen.

Wie muss ich mir das vorstellen? Wird die Herzlinie immer weniger?

Ja.

Also das kann man ja wirklich nicht glauben. Das ist ja richtig desillusionierend.

Das ist es, aber wir alle hoffen, dass die Menschen wachsamer werden und Impulse wie deine noch Bewegung bringen können.

Ja, ich kann es verstehen, dass du da nicht hinschauen willst. Das zieht Energie, man will es wirklich nicht wahrhaben ... Lass uns weiterreden. Also Frankreich ist energetisch nicht mehr so stark, weil die Herzlinie auch immer schwächer wird, richtig?

Ja.

Was ist mit Italien?

Dort ist die Linie des Herzens auch noch, aber in anderer Form. Die Energien, die in Rom zusammenlaufen, sind noch einmal eine andere Sache.

Oh, ich höre.

Dort ist die Kreuzung der Linie des Herzen und der Linie des Bauches der Erde. Diese beiden Linien verbinden sich in der Mitte, dort wo der Palast steht, den ihr Dom nennt.

Petersdom?

Das ist die Kreuzung.

Herz und Bauch?

Ja.

Bauch? Gibt es nicht einen anderen Begriff? Das Herz ist ein Organ, aber ein Bauch ist kein Organ ...

Das Herz ist nicht das Organ, was ihr habt. Ich meine mehr die Herzenergie, die dort fließt, und die Energie, die in einem Bauch fließt. Das ist wie die Energie der Mütterlichkeit.

Wofür ist die Energie der Mütterlichkeit gut?

Die Energie der Mütterlichkeit bringt Dinge hervor mit der Kraft der Weiblichkeit.

Also treffen dort Herz und Mütterlichkeit, also Herzenergie und die weibliche Linie zusammen?

Das ist richtig.

Und warum sind dann ausgerechnet dort nur Männer?

Die Antwort ist deine Frage. Das Kraftpotenzial dieser beiden Linien ist so groß, dass es die Menschen dazu bewegt hat, dort noch deutlicher dagegen zu gehen. Dadurch ist die Weiblichkeit dort gar nicht anzutreffen.

Wie findest du das aus deiner Sicht? Du hast doch auch mit der Kirche zu tun gehabt.

Das finde ich sehr traurig, dass die Menschen so machtsüchtig sind.

∞

Diese Kraft, die dort in Disharmonie in die Welt gegeben wird, ist die Ursache für viel Leiden auf diesem Planeten.

Also noch mal für mich zum Verständnis: Wir haben dort die Herzlinie und die weibliche Linie, die beide dort zusammentreffen ... und dort drauf steht ein Haus, das nur männliche Energie fördert. Was genau macht es denn, dass dort nur Männer sind?

Die Männer, die dort arbeiten und wirken, verwandeln die Energie der Weiblichkeit in die Energie der Männlichkeit und berauben sich und die Menschheit dabei um die Wirkung der weiblichen Kraft.

Ich verstehe. Findest du in der Kirche irgendetwas Gutes? Ich meine, du hast sie ja auch erlebt als Mensch.

Die Kirche ist im Prinzip die Form des „Teufels", wie ihr so gerne sagt. Das Wort „Teufel" bedeutet die Negation der menschlichen Gefühle. Negation der Liebe, doch jedenfalls eine Form von Liebe, nur nicht in der Form, wie die Menschen das sehen.

Dr. Augusto es ist sehr schön, mit dir zu plaudern und ich verstehe dich sehr gut. Es geht angenehm und schnell vonstatten.

Das ist, weil du schon viel reiner bist und hier die Energie reiner ist. Beide Komponenten zusammen ergeben diesen Fluss.

Toll. Was möchtest du mir denn als Nächstes erzählen, wenn du schon so plauderfreudig bist?

Ich möchte dir berichten, was wir mit Menschen machen, die noch nicht heilen wollen.

Ja bitte, ich höre.

Diese Menschen werden in einen Zustand der Trance gebracht und dann haben die Menschen die Chance, währenddessen ihre Seele sprechen zu lassen. Seelensprache ist nicht an Worte gebunden ...

Ich weiß ... wann macht ihr das? Wann geschieht das?

Das ist unterschiedlich. Mal sind das Träume, mal sind das Meditationen. Wir schicken ihnen die Energie, die sie schläfrig macht, und dann beginnt die Seele in Kommunikation zu treten.

Das ist also auch Teil des Prozesses hier?

Ja.

Woran merkt ihr, dass jemand nicht heilen will?

Das merken wir an seiner Art, die Dinge aufzunehmen. Ist er offen, dann ist er bereit. Ist er verschlossen, ist er nicht bereit.

Und wie sieht offen und geschlossen energetisch aus?

Ganz einfach: die Aura ist geöffnet, wenn sie strahlt.

Alles klar. Was möchtest du mir noch erzählen?

Dass wir den Menschen in ihrer Wahl die Verantwortung lassen.

∞

Woran erkennst du sehr böse Menschen?

Ich erkenne nicht, ob sie böse sind. Ich erkenne die Energie in ihnen. Doch ich glaube, ich weiß, was du meinst. Ich beobachte bei vielen Menschen, dass sie das Herz verschlossen haben. Das ist ein Hinweis darauf, was du als Böse erfährst.

Verstehe. Hat eigentlich die Offenheit eines Herzens viel mit Bewusstsein zu tun?

Nein. Das Herz ist das Tor in die andere Welt, doch nicht der Beweis oder Ursache der Bewusstheit. Die Herzenergie ist lediglich eine fördernde Energie für Bewusstheit, aber nicht die Energie alleine.

Was ist denn wichtig?

Die Herzverbindung.

Das Herz hilft dir, die Verbindung herzustellen?

Ja.

Dann ist es ja schon sehr daran beteiligt.

Das ist richtig, aber es ist viel mehr als das.

Es braucht Willen ... was braucht es denn alles?

Es braucht die Bereitschaft, den Verdienst, die Erlaubnis, die Kraft generell, Potenziale, die Umgebung, die richtigen Menschen, die richtigen Orte, die richtige Wahrnehmung ...

Verstehe. Wenn du Menschen anschaust, kannst du dann eigentlich etwas von ihrem letzten Leben sehen?

Selten. Es ist auch nicht wirklich wichtig.

Nun ja, es gibt Menschen, die an Dinge glauben wie Karma oder Ähnliches. Manche denken, was ihnen widerfährt, hat seine Ursache in einem anderen Leben, deswegen frage ich ...

Das ist richtig, aber nicht mein Bereich. Ich sehe, was ich sehe und frage nicht, warum ich es sehe.

Verstehe. Kannst du in die Zukunft schauen?

Ja.

Wie funktioniert das?

Das ist ganz einfach. Man sieht die Energie des Jetzt und wandelt diese durch den eigenen Willen oder die Bereitschaft, die Absicht, Ziele ... und diese Bereitschaft ist es, die den Weg bereitet ...

Was möchtest du mir denn als Nächstes erzählen?

Die Konzentration in dir wird weniger. Ich werde jetzt besser aufhören, sonst wird es zu viel für dich.

∞

Danke. Ich werde jetzt schlafen gehen und morgen die anderen interviewen.

Das wird schön.

Eine Frage fällt mir noch ein: Irgendjemand hat einmal gesagt, du seist zeit deines Lebens bei den Freimaurern gewesen, stimmt das?

Sehr interessant. Wer hat dir das gesagt?

Ich glaube das war Dr. Valdivino.

Das ist richtig.

Du warst bei den Freimaurern?

Ja.

Und was hältst du von dem Verein?

Ich habe dort sehr viel Nützliches gelernt und ich habe viele Kontakte sehr schätzen gelernt. Doch ich weiß, dass diese Orden keine potenzielle Funktion mehr haben, wie wir sie damals hatten. Das ist schade, denn es war wirklich sehr schön dort.

Bitte nicht böse sein auf Dr. Valdivino.

Nein. Er hat es dir nicht einfach nur so gesagt. Vielleicht hatte es eine Bedeutung für ihn oder für dich.

∞

Gut, dann werde ich jetzt schlafen gehen und alles beachten, was du gesagt hast .

Das ist gut so und ich freue mich auf dich.

Ich mich auch auf dich. Danke dir und gute Nacht.

*

So, Dr. Augusto ... Guten Morgen in Abadiânia. Für dich war es bestimmt nur ein Moment, der jetzt gerade vorbeiging, oder?

Das war es.

Ich hoffe, ich bin wieder konzentriert genug, um dir noch ein paar Fragen stellen zu können, um richtig zu verstehen, was du sagst und generell dir zuzuhören, wenn du noch etwas sagen möchtest.

Das sieht gut aus. Deine Energie ist sehr hoch.

Lieber Dr. Augusto, ich habe mir mal überlegt ... du hast mir gestern erklärt, dass ihr die Augen bearbeitet als Seelenmeridian. Ich habe auch einmal gelesen, dass Augen und Hände Seelenmeridiane sind. Ist es das, was du meinst?

Ja. Die Energie ist mit den Augen und den Händen verbunden.

Das heißt, prinzipiell könntet ihr auch an den Händen arbeiten, oder?

Nein, die Hände brauchen die unversehrte Verbindung, damit ihr innere Energie habt. Die Augen aber bleiben in einem anderen Zustand, während wir das machen.

Ich habe ja immer sehr heiße Hände. Was bedeutet denn das nach deiner Definition?

Das ist die Verbindung, die du hast. Sie ist sehr stark und das spürst du.

Wenn die Verbindung durch meinen Reinigungsprozess noch stärker wird, dann müssten die Hände ja glühen ...

Das werden sie sicherlich nicht, doch ich weiß, was du meinst. Sie werden dir sagen, wenn du in Verbindung bist.

Lieber Dr. Augusto, eines habe ich noch nicht ganz verstanden: Ihr arbeitet ja nicht nur an den Augen ... wenn ihr auch mal etwas an den Schultern macht oder mal an anderen Stellen arbeitet ... dann macht ihr das „nur", um den Menschen in den Trancezustand zu bringen und seine Seele sprechen zu lassen?

Nein, die Schnitte in den Körpern beseitigen auch Schmutz der Seele. Das ist, wie als würdest du einem Mandelkern die braune Hülle wegnehmen.

Also wie wenn eine Nuss ungeschält ist.

Das ist ungefähr das, was ich meine.

Verstehe.

Diese Operationen beschleunigen die Energie der Menschen und das ist ihre Chance der Entwicklung.

Was macht ihr, wenn Menschen zu euch kommen und um bestimmte Segnungen bitten? Was genau bedeutet das? Wie sieht das energetisch aus?

Das Segnen ist eine Art Verbindung, die wir legen.

Wie legt ihr die denn?

Das Verbinden passiert, indem wir die Energie mit unserer Energie mischen und dadurch wird die Verbindung hergestellt.

Wenn ich eines Tages das Buch hier fertig habe, muss ich es auch segnen lassen, oder?

Nein, eigentlich nicht, denn wir sind mit dir in Kontakt und können dadurch die Segnung längst erreichen.

Braucht es denn prinzipiell eine Segnung, wenn ein Kanal dabei ist, sich zu reinigen?

Nein, aber die Menschen mögen diese Form.

Na gut, wir werden dann sprechen, wenn es soweit ist. Wie machst du es eigentlich, wenn Menschen vor dir stehen ... und fragen, fragen, fragen ... eigentlich siehst du doch nur Energiefelder ...

∞

Das ist schwer für mich, aber ich versuche es im Energiefeld zu lesen.

Verstehe. Ich habe mal jemanden erlebt, der gefragt hat, ob seine Frau die Richtige für ihn ist. Also entschuldige, aber ich bin jetzt in einer Welt der Wertungen ... ich fand es fast schon schäbig, dass jemand mit so einer Frage zu euch geht ... wo ihr doch so viele Menschen am Tag habt, denen ihr helfen sollt ... Da schien diese Frage nicht belanglos, aber irgendwie fehl am Platz zu sein.

Das ist noch wenig im Vergleich zu dem, was wir sonst beantworten müssen. Die Menschen haben keinerlei Bewusstsein für unsere Arbeit.

Ich hoffe wir können das ändern. So, Dr. Augusto, ich glaube wir sind mit meinen Fragen, die sich angestaut haben, durch, und wenn du magst, kannst du jetzt gerne erzählen. Magst du? So wie ich dich kenne schon, gell?

Die Energien hier sind sehr gut für die Heilung der Seele. Das hast du schon erfahren, doch was ich den Menschen mitgeben möchte, ist die Verantwortung, die sie für ihre Seele tragen. Letzten Endes entscheidet jeder Mensch mit seinem Bewusstsein über die weitere Entwicklung der Seele.

Du machst da gerade eine Trennung. Ich dachte eigentlich, dass die Menschen die Seele sind ... Also entscheidet die Seele ... aber es ist nicht richtig ... es ist das Ego, gell?

Genau. Die Menschen sind die Ego-Schöpfer. Dieses Ego ist dann der Teufel in ihrem Leiden. Das müssen sie erkennen, dass diese Kraft nicht im Außen steckt, sondern in ihnen.

Das Wort ist vielleicht ein bisschen krass: Teufel. Ich hab dazu Tier gesagt. Das Tier ist doch auch okay, oder?

Das ist auch in Ordnung und letztlich das Gleiche. Der Teufel ist immer als Tier gezeigt.

Ja, das stimmt. Aber diese Bilder sind von der Institution Kirche geprägt, und wir beide sind uns ja einig, was diese Institution macht und tut.

Da ist richtig.

Dann lass uns lieber mit Bildern arbeiten, die nicht aus dieser Ecke kommen, sonst sind wir in der falschen Richtung.

Das ist auch richtig. Ich bin sehr dankbar, wenn du mir hilfst, die richtigen Worte zu finden. Ich habe nicht oft die Möglichkeit, derartig zu kommunizieren. Daher ist es neu und noch etwas schwer für mich.

Das ist in Ordnung. Das ist auf gewisse Weise auch meine Aufgabe, dass ich die Sprache wandle ... Wieso, Dr. Augusto, meinst du, muss ich immer gähnen?

Das ist Öffnung deines Körpers, um die Impulse zu empfangen. Du wirst im Laufe der Zeit diese Öffnung leichter erfahren, nicht immer in dieser Form.

Ich muss auch beim Gähnen aufpassen, dass nicht irgendwer anderes in mich hineinkommt.

Ja, dazu ist der Schutz wichtig.

Ja, ich weiß. Dazu fällt mir ein: Kannst du mir beantworten, wenn ein Wesen in mich hineingeht, so wie ich es einmal bei einem Verstorbenen erlebt habe, was genau haben die davon?

Diese Verstorbenen sind meist in einem verzweifelten Zustand. Diese Energien suchen händeringend nach einem Kanal in die andere Welt. Das ist der Grund, warum sie dich aufsuchen, um in die andere Welt zu kommen.

Aber sie sind ja schon in einer anderen Welt im Vergleich zu mir.

Nein, sie sind in eurer Welt, doch nicht sichtbar durch die Form der Körper, die ihr wahrnehmen könnt.

Ja stimmt, du bist sehr genau, das mag ich. Wenn ich mit den Kristallen arbeite, dann schicke ich ihnen Kraft, also Energie, wenn sie mich kontaktieren. Ist das ungefähr das Gleiche?

Das ist ungefähr das Gleiche. Wenn du das tust, beschleunigst du ihre Energie und das verwandelt ihre Frequenz. Dies ermöglicht ihnen, in andere Wahrnehmungen zu kommen. Das ist alles.

Ja, so hab ich das auch gesehen. Das ist eine Art Katalysator. Eine Rakete in eine andere Ebene.

Genau, und das ist im Prinzip das Gleiche, was wir hier tun. Die Energie beschleunigt die Seelen und das wandelt die Wahrnehmung.

Verstehe. Und nimmst du denn überhaupt Verstorbene wahr, wo du arbeitest?

Nein, dort gibt es keine. Die Energie ist zu hoch. Die Energien, die hier wirken, sind in höheren Ebenen zu Hause. Das ist das Angenehme.

Das kann ich verstehen. Ich habe die Aufgabe bekommen, dass ich den Verstorbenen auf diese Art helfe ... Da bin ich ja auf gewisse Weise wie ihr unterwegs ... nur eben mit den Verstorbenen.

Das hast du schön gesagt. Wir können diese Arbeit nicht sehen, aber wir wissen, dass du es kannst.

Bitte, wenn du magst, kannst du noch gerne weiter erklären.

Ich bin wirklich beeindruckt, wie du das machst.

Das glaube ich dir, du Forschergeist. Wie empfindest du es, wie ich es mache?

Du bist mit mir verbunden und dadurch bekommst du meine Antworten. Wie die Seelen, wenn sie miteinander reden. Doch deine Fähigkeit ist es, diese Impulse in Worte umzuwandeln, die ihr versteht. Das ist faszinierend.

Was meinst du, wo diese Umwandlung passiert? In meinem Gehirn oder in meinem Herz? Ich bin selber noch ein bisschen am Forschen diesbezüglich.

Das weiß ich nicht. Ich bin sehr interessiert, das herauszufinden.

Und wie willst du das herausfinden?

Das weiß ich auch noch nicht.

Dann bin ich mal gespannt, was du herausbekommst ... Ich werde dich bei Zeiten einmal fragen, ob du die Lösung gefunden hast. Es kann ja auch sein, dass ich im Laufe der Zeit die Hand gar nicht mehr brauche.

Das kann sein. Ich weiß es nicht.

Möchtest du mir noch etwas sagen?

Nein.

Dann werde ich für heute noch eine andere Wesenheit anrufen. Kennst du noch jemanden, von dem du meinst, er wäre sehr interessant?

Unbedingt die Energie, die ihr als Salomon kennt.

Hast du im Moment Kontakt zu ihm?

Ja, sehr intensiv. Er ist mein Lehrer.

Oh, dein Lehrer. Okay, ist er aus deiner Ebene oder aus einer anderen?

Aus einer anderen, aus einer höheren.

Aber er lehrt dich, also das geht? Nimmt er dich wahr?

Ja, das geht. Er nimmt mich wahr. Ich lerne von ihm in der Seelensprache, wenn er zu mir spricht.

Dann nimmst du ihn also auch wahr.

Ja.

Gibt es noch jemanden, den du mir ans Herz legen möchtest, der nicht in diesen Aufzeichnungen ist?

Sei bewusst und du wirst die Impulse empfangen. Das ist das Einzige ...

Ja, okay, dann bin ich offen dafür. Ich danke dir von ganzem Herzen für deine Aufmerksamkeit, deine Hingabe ... Es war unfassbar interessant, was du erzählt hast. Ich freue mich, in dir einen Forscherpartner gefunden zu haben, denn ich glaube spüren zu können, dass du die Dinge ähnlich forschend siehst und verstehen möchtest. Auf diesem Weg bin ich auch, und ich versuche durch euren Kontakt, den Menschen diese Informationen noch besser verständlich zu kommunizieren. Ich freue mich sehr, dass ich dich kennen gelernt habe. Es war und ist mir eine sehr große Ehre.

Das hast du aber lieb gesagt. Ich bedanke mich sehr für diese lieben Worte. Ich bleibe in Verbindung mit dir und werde dir bald berichten, was ich Neues erfahre ...

Vielen Dank.

Franz Xavier

Francisco de Jassu e Javier wurde im Jahr 1506 im Schloss Javier, nahe der Stadt Pamplona in Spanien geboren. Er stammte aus einer adligen, an materiellen Gütern und Ehrentiteln reichen Familie, wuchs in einem Umfeld voller Reichtum und Traditionen auf. Er war sehr intelligent und widmete sich unterschiedlichen Studien. Im Alter von 19 bis 28 Jahren studierte er in Paris auf dem College Santa Barbara und war Zimmerkollege von Pedro Fabre. Diese Freundschaft kam seinem impulsiven Genius sehr zugute. Dort lernte er auch Calvin kennen, der später dabei mitwirkte, die protestantische Revolution in Europa anzustoßen. Es war auch im College Santa Barbara, wo er seinen späteren Lehrer Inacio de Loyola kennen lernte, dessen enger Freund er wurde, und der ihm finanzielle Unterstützung zuteil werden ließ, als die Geldsendungen von der Familie eingestellt wurden.

Im Jahr 1526 machte er seinen Abschluss in Philosophie und erwarb den Grad des Meisters (Professor) im Jahr 1530. Am 15. August 1534 legte er unter Anleitung von Inacio de Loyola und gemeinsam mit Pedro Fabre und vier weiteren Freunden ein Gelübde ab, in Armut und Keuschheit zu leben; somit waren sie die ersten Jesuiten, die Gründer der „Gemeinschaft Jesu". Er predigte in Indien, in Japan und in anderen Ländern des Orients.

Er starb im Alter von sechsundvierzig Jahren am 3. Dezember 1552 auf einer Insel vor der Küste Chinas, nachdem er als Missionar mehr als 120000 Kilometer zurückgelegt hatte. Obwohl große Mengen von Kalk in seinen Sarg gegeben worden waren, um eine schnelle Verwesung des Körpers zu bewirken, damit nur die Knochen zurücktransportiert wer-

den mussten, waren die Freunde überrascht und verwundert, als sie ihn drei Monate später ausgruben und den Sarg öffneten und feststellten, dass es keinen Verwesungsgeruch gab und der Körper vollständig erhalten war. Der Körper wurde nach Malaga gebracht und dann nach Goa, wo er in der Kirche Bom Jesus liegt und täglich die Hingabe der Gläubigen erfährt.
Er vollbrachte in seinem Leben viele wundersame Heilungen, und noch immer werden ihm viele Wunder, die sich nach dem Gebet vor seinen körperlichen Überresten ereigneten, zugeschrieben.

Er selber schrieb wundervolle Briefe, die von Inacio de Loyola kopiert und verbreitet worden sind und in den Kirchen vorgelesen wurden. Sie sollten als Beispiel für ein außergewöhnliches Leben dienen.

Heilig gesprochen am 12. März 1622, wird er als der große Apostel der modernen Zeiten angesehen, so wie der Heilige Paulus der verehrte Apostel der alten Zeiten war. Von Papst Plus XI. wurde er zum universellen Schutzheiligen der Missionen ernannt und als größter aller Missionare angesehen.

Quelle: Spirituelle Heilung, Ismar E. Garcia

Interview

Liebe Wesenheit, die den Menschen heute unter dem Namen Franz Xavier bekannt ist. Ich freue mich, auch dich kennen lernen zu dürfen und bitte dich nun um ein Gespräch.

Ich bin bereit ...

Ich möchte mich vorstellen als ein Mensch, der den Menschen eure Botschaften kommunizieren möchte, damit sie bewusster in den Heilungsprozess bei euch treten. Bitte erzähle mir von dir, von deinem Leben und deinem Wirken bis in die Ewigkeit. Wo befindest du dich jetzt?

Ich befinde mich in der vierten Ebene, dort, wo wir alle sind.

Deine Energie fühlt sich sehr fein und liebend an. Sehe ich das richtig?

Ja, das ist richtig, ich bin die feinste Qualität unter uns Wesenheiten.

Lieber Franz Xavier, lass uns mit deinem Leben beginnen. Magst du mir erzählen, ob es besondere Momente in deinem Leben gab?

Die Begegnung mit Inacio war die einschneidendste Begegnung in meinen Lebzeiten. Diesen Moment vergesse ich nie.

Was machte den Moment so besonders?

Die Liebe, die er ausstrahlt, und die Verbundenheit war mir neu und faszinierte mich in meinem Wesen. Die Energie war sehr hoch. Ich fühlte mich sehr verstanden von ihm und ich wollte auch so sein wie er. Das bewegte mich dazu, die neuen Wege zu gehen.

Was hast du getan?

Ich habe das Studium abgebrochen und bin in die Meditation gegangen. Dadurch habe ich vieles der Wahrnehmungen von Inacio verstehen können und in der Folge auch umsetzen können. Das war mir wichtig und ich hatte es geschafft.

Warst du jemals verheiratet?

Nein.

Hattest du Kinder?

Nein.

Hattest du feinstoffliche Wahrnehmungen?

Die Energie der Menschen habe ich immer anders wahrgenommen. Das war wie in einem Theater, mal waren sie nett, dann waren sie böse, dann waren sie lustig, dann waren sie ernst. Ich habe diese Art der Menschen nie verstanden. Doch ich habe es versucht.

Was hat dich bewegt, diesen Weg zu gehen, den du dann gegangen bist, und wie sah er aus?

Die nächsten Schritte waren das Belehren anderer Menschen. Ich reiste viel, um das zu tun und ich liebte es ...

Ich habe gelesen, dass du nach Asien gereist bist, richtig?

Ja, das ist richtig.

Und dass du in Goa den ersten Jesuitenorden Indiens eröffnet hast?

Ja, das ist richtig.

Was hat dich am meisten glücklich gemacht auf deiner Reise?

Die Verbindung der Menschen in die feinstoffliche Welt wiederherzustellen hat mich sehr erfüllt.

Warst du nicht oft auch enttäuscht, wenn es nicht gelang?

Doch, aber ich wollte mich davon nicht abbringen lassen, es ist wie die Lehre von den Kindern, die noch stolpern und laut brüllen. Diese Sichtweise hat mir geholfen, damit umzugehen.

Man schreibt über dich, dass du auf dem Weg nach Asien auf einer Insel gestorben bist. Ist das richtig?

Ja.

Und man schreibt, dass du sehr einsam und sehr erschöpft dabei warst. Ist das richtig?

Nein, ich habe mich selten einsam gefühlt, ich war immer in tiefem Bewusstsein, dass ich nie alleine bin und niemals einsam sein werde. Die Wahrnehmung der feinstofflichen Energien ist wie eine Familie.

Darf ich dich zu deinem Übergang befragen?

Nein. Dieses Erlebnis möchte ich bei mir behalten.

Möchtest du noch etwas zu deinem Leben sagen?

Dass es erfüllt war von Liebe.

Hast du denn im Laufe deines Lebens deine Fähigkeiten ausbauen können?

Ich habe in bestimmter Zeit die Energien der Menschen besser erkennen können. Ich habe ihre Körper bewusst beobachtet und konnte so erkennen, welche Wesen dahinter stecken. Die Gesichter eines Menschen sind sehr aufschlussreich. Der Körper eines Menschen ist wie ein Spiegel seiner Seele. Die Energie in ihm braucht Raum, und je feiner die Energie umso feiner auch der Körper. Ist die Energie grob und noch verunreinigt, so ist der Körper auch grob ...

Wie erklärst du es dir, wenn Menschen eine starke Körperlichkeit haben, dennoch aber sehr fein wahrnehmen?

Das ist auch möglich, doch die meisten Menschen zeigen diesen Zusammenhang von Feinstofflichkeit und Körperlichkeit. Nur wenige können das materielle Leben voll nutzen und doch auch sehr feinstofflich sein. Doch das ist sehr selten.

Wie kann man negativ eingestellte Menschen erkennen?

Das ist leicht zu erkennen. Schau den Menschen in die Augen. Die Augen eines Menschen zeigen seine Kraft im Herzen. Die Menschen mit großen Augen und weiten Pupillen sind offen .

Wenn ein Mensch eine Augenkrankheit hat, worauf lässt das zurückschließen?

Das schließt nicht auf etwas zurück. Es zeigt lediglich Verunreinigungen. Dies muss bereinigt werden, das hat aber nichts mit der Energetik zu tun, die ich meine. Die Liebe ist im Herzen. Die Augen sind ein Kanal dorthin. Es ist schwer für mich zu beschreiben, doch ich habe es lange so beobachtet. Die Energie der Menschen braucht Zeit, um sich auszudrücken, die Kinder aber bringen die Energie mit, in der sie in ihrem letzten Leben waren. Das ist sehr interessant, denn man findet dadurch direkten Kontakt in die Vorleben.

Aber man kann mit den ganz kleinen Kindern ja nicht sprechen, daher hilft diese Info relativ wenig, und wenn man dann mit ihnen reden kann, sind sie schon zu weit weg aus dieser Empfindung?

Das ist richtig, doch ist es eine interessante Tatsache.

Welche Menschen haben dich neben Inacio noch berührt?

Das waren viele, denn die Art, wie ich ihnen begegnet bin, hat vieles in ihnen gewandelt, und diese Wandlung in ihnen zu beobachten, war ein großes Geschenk.

Hattest du damals schon ein Gefühl dafür, ob du wieder auf die Welt kommen willst?

Ich wollte nicht mehr wiederkommen, da ich wusste, dass ich in dieser Form bereits alles getan hatte, was ich tun wollte und konnte in meiner Kraft, doch ich war in Besorgnis, wie die neue Form sich gestalten würde.

Bitte erzähle mir, wie du die andere Welt erlebt hast nach deinem Übergang?

Die andere Welt ist noch viel schöner, als ich dachte. Ich hatte immer nur das Bild der Engel im Kopf, da wir diese gelehrt bekommen hatten, doch ich kann dir berichten, dass hier noch viel mehr wunderbare Wesen besonders in unserer Ebene tätig sind. Das ist sehr bereichernd.

In welcher Farbe nimmst du die Ebene wahr?

Das ist sehr unterschiedlich. Verschiedene Weißtöne . Die Energien bringen alle ihre Qualitäten mit, das färbt die eine oder andere Farbe mit hinein, doch im Prinzip ist es alles sehr hell.

Als du den Übergang hinter dir hattest, wie hast du Dom Inacio wahrgenommen?

Diese Begegnung war sehr erfreulich, denn ich hatte gehofft aber nicht vermutet, dass ich ihn so schnell wiederfinde. Es war wirklich sehr schön und ich fühlte mich wie in meiner Heimat angekommen.

Hat er dir dann von der Art wie ihr hier arbeitet berichtet, oder wie ging es dann weiter?

Die Kommunikation in dieser Ebene ist anders. Dort berichtet man nicht in Worten sondern man fühlt die Information. Ich fühlte die Mission von Dom Inacio und wollte Teil von ihr bleiben, daher begann ich auch in Joao zu inkorporieren.

Tust du das gerne?

Ja.

Was machst du am liebsten bei dieser Arbeit in der Casa?

Ich reinige die Seelen am liebsten in einer OP, das ist sehr verbindend. Du erinnerst dich, ich habe schon immer gerne verbunden.

Wie nimmst du die Menschen wahr, wenn sie vor dich treten, wenn du in Joao inkorporiert bist?

Ich lese in ihrer Aura die Energiefelder. Das macht das Verstehen der Ursachen für Krankheiten leichter, und dann wird der Weg begonnen, in dem diese Felder gereinigt werden. Das ist alles.

Und wenn eine OP gemacht wird, bist du auch zugange.

∞

In gewissem Sinne ja, du weißt, dass wir nicht vor Ort sind, sondern aus unserer Ebene wirken. Wir wirken über Kraft und das tun wir am intensivsten, wenn die Menschen uns bewusst anrufen, weil sie sich dann noch mehr öffnen in unsere Verbindung.

Fließt diese Kraft eigentlich dauerhaft weiter zu den Menschen, wenn ihr euch einmal mit ihnen verbunden habt?

Ja, das tut sie.

Und nimmt dieser Prozess auch Kraft von euch?

Das tut sie nicht, da es ein Kreislauf ist, in dem wir nur die Energie des Kosmos weiterleiten. Wir sind die Kraftwesen, die die Kraft bündeln und nutzen können, um die Energien der Seele jeweils anzuschieben. Das ist unsere Aufgabe.

Was macht dich traurig, wenn du diese Menschen siehst, wenn sie hierher kommen?

Dass ich nicht immer helfen kann, denn da gibt es auch andere Problematiken im Kosmos, wo ich nicht eingreifen darf ...

Wann ist das der Fall?

Die Seele dieser Menschen hat den Weg ihrer Heilung gewählt und nicht den Weg unserer Heilung. Das ist nicht leicht für mich zu verstehen gewesen, doch ich muss es akzeptieren.

Du meinst, der Heilungsprozess sucht sich seinen Weg und geht nicht immer den Weg, von dem ihr meint, dass es der richtige ist.

Ja genau.

Bist du jetzt glücklich da, wo du bist, und wie du jetzt wirkst?

Diese Form ist die einzig richtige für mich, ich befinde mich hier in meiner Heimat, das möchte ich auch lange nicht ändern.

Wie sind die OPs für dich, wie nimmst du sie wahr?

Ich habe Dr. Augusto als Lehrer, der mir zeigt, wie ich wo schneiden muss, wenn es gewünscht ist. Und die vielen Wesenheiten der Reinigung helfen mir, dass ich nichts falsch mache.

Du hast den Jesuitenorden erfahren und warst ein Gefährte von Dom Inacio. Der Orden ist bis heute Teil der Kirche. Hast du eine veränderte Wahrnehmung der Kirche von damals zu heute?

Die Kirche war unsere Chance, die Botschaft in die Welt zu tragen, das haben wir mit einem weinenden und einem lachenden Auge angenommen, doch ich finde diesen Schritt heute noch richtig. Die Kirche ist immer noch der Ort, an den die Menschen kommen, um Gutes zu tun oder zu beten. Das ist ein guter Ansatzpunkt, an dem wir ansetzen wollten, doch die Art und Weise, wie die Kirche die Seele unterdrückt, ist nicht zu entschulden. Das sehe ich jetzt anders.

Wie nimmst du die Kraft der Kirche heute wahr - aus deiner Wahrnehmung heraus?

∞

Die Kirche ist verunreinigt von Macht und Ego und hat nichts mehr mit dem zu tun, was wir an Glauben vermitteln wollten. Das ist, als würde man den Papst heute als Schauspieler engagieren, so leer ist diese Energie.

Hattest du jemals eine intensive Begegnung mit Jesus oder eine besonderen Beziehung zu ihm aus dem Jesuitenorden heraus?

Nein, dies ist nicht meine Fähigkeit, doch ich bewundere ihn bis heute.

Hattest du die Botschaft von ihm verstanden?

Nein, das hatte ich nicht. Ich konnte nicht erkennen, dass er uns warnen wollte, dass wir uns besser schützen. Die Menschen, die helfen, sind nicht beschützter als andere, nur weil sie helfen. Das ist ein wichtiger Punkt, denn dadurch verlieren die helfenden Menschen viel Energie und das ist unnötig.

Worin siehst du denn die Warnung von ihm?

Dass er in diesen Prozess der Kreuzigung gegangen ist, ist keine Tat der Liebe zu den Menschen gewesen, sondern eine Warnung, dass sich die Liebe schützen muss.

Du meinst also, er wollte uns damit sozusagen mitteilen: „Das passiert euch, wenn ihr euch nicht schützt." Richtig?

Ja.

Wie stehst du zu den anderen Religionen der Welt?

In Asien ist der Glaube noch etwas kanalisierter. Ich habe die Kraft der Menschen dort anders wahrgenommen als in Europa. Die Konzentration der Menschen auf sich selbst ist dort in jedem Fall noch besser lebendig als in Europa. Dort konzentrieren sich die Menschen zwar auf sich ... sind aber weniger verbunden.

Hast du ein Gefühl für die Kraft der Menschheit jetzt gerade?

Die Menschheit macht eine lebensverändernde Phase durch. Das braucht noch Zeit, doch ich bin gespannt, wann der Knoten platzt.

Wie genau nimmst du das wahr?

Ich sehe die Vernebelung der Menschen und ich weiß, was sie hervorbringt, das kann zu bestimmter Zeit nicht sehr beglückend sein. Das muss ich feststellen. Doch wann und wie die Menschen letztlich ihren Weg ändern, ist mir nicht ersichtlich.

Gibt es etwas, das dich besonders interessiert, die Seele oder der Körper oder die Menschen?

Die Seele interessiert mich nicht so sehr wie die Menschen: Ich möchte die Zusammenhänge verstehen. Die Entscheidungen, die sie treffen, beginnen weit früher als sie wahrnehmen. Das ist sehr interessant zu beobachten, da ich noch nicht sehen kann, wo genau diese entscheidenden Impulse gegeben werden, wenn ein Weg sich in die falsche Richtung bewegt. Das würde ich gerne vorwegnehmen, doch ich kann es nicht .

∞

Was möchtest du mir noch mitteilen?

Die Liebe ist das Einzige, was die Menschen suchen und brauchen in ihrem Leben. Das ist mir sehr wichtig, dass du die Essenz der Botschaft von mir in dieser Form kommunizierst. Die Menschen brauchen nur Liebe und sie beginnen zu heilen.

Ja, aber wo würden sie die Liebe denn finden?

Dann sag ihnen, dass sie in ihnen ist. Die Verbindung der Seele in die anderen Ebenen ist der Schlüssel, und das Gefühl, immer woanders suchen zu müssen, im Außen, das ist der falsche Weg.

Würdest du die Exerzitien von Dom Inacio modifizieren aus deiner heutigen Sicht?

Das ist nicht leicht, ich habe die Idee der Exerzitien sehr gemocht und immer wieder weiter kommuniziert, doch es gab die eine oder andere Kleinigkeit, die ich verändern würde, doch ich kann mir vorstellen, das sagt dir Dom Inacio selbst.

Hast du viel Kontakt zu Dom Inacio?

Ja, wir sind in stetiger Verbindung, du musst dir das vorstellen wie ein Wesen, das wir sind, in dem wir empfinden ... es gibt nicht die Trennung des Ich und Du, doch es gibt die Erinnerungen des Ich und Du, das macht die Individualität in uns aus, doch am Ende sind wir alle Teil des Ganzen.

Hast du denn dort einen Körper?

Ja, du würdest mit deinem menschlichen Verständnis eine Lichtsäule wahrnehmen, die oval ist.

Hast du Augen?

Nein, das brauche ich nicht, die Wahrnehmung geschieht hier um ein Vielfaches vielfältiger.

Kannst du eigentlich in die Zukunft schauen?

Nein, ich kann die Vergangenheit lesen.

Dann bedanke ich mich für dieses interessante Gespräch.

Ich mich auch, bitte bleib in Verbindung.

Jose Pereidos

Jose Pereidos ist eine beliebte Wesenheit, die regelmäßig in den Körper von Joao de Deus inkorporiert. Diese Wesenheit lässt sich oft Zeit und spricht mit den Besuchern; und die Schlange der Besucher bewegt sich langsam, wenn er inkorporiert ist.

Quelle: http://www.casaguidebrazil.org/geistige-aumlrzte.html

Interview

Liebe Wesenheit, die den Menschen unter dem Namen Jose Pereidos bekannt ist. Ich freue mich, auch dich kennen zu lernen.

Sehr angenehm. Du bist in Verbindung mit mir.

Ja, das bin ich.

Das ist ungewöhnlich, da ich meistens nur die Energie des Fragenden spüre und nicht seine Hand dabei bewegen kann.

Die Menschen wissen wenig von dir, darf ich dich zu deinem Leben befragen?

Ja.

Kannst du mir ein paar Stationen daraus beschreiben? Wie war deine Kindheit?

Ich war in meiner Kindheit sehr liebevoll und habe die Menschen als böse empfunden. Das hat mich dazu bewegt, dass ich dann in meiner Jugend die Reise begann, um nach liebevollen Menschen zu suchen. Das war nicht leicht.

Wann hast du gelebt?

Das ist lange her, die Menschen hatten noch keine Hilfsmittel, wie ihr es habt zum Transportieren. Ich war immer laufend unterwegs.

Also bist du gepilgert?

Ja.

Wo bist du gestartet?

Ich startete in Frankreich und ging dann den Weg in die Stadt Jerusalem.

Warum ausgerechnet dorthin?

Ich wollte nach Liebe suchen, die ich bei den Menschen nicht erfahren hatte.

Was empfandest du denn so lieblos bei den Menschen?

Die Menschen waren sehr lieblos, wenn sie miteinander gesprochen haben. Ich empfand es immer wie kleine Kriege. Das hat mich sehr verletzt und ich konnte es nicht aushalten, daher musste ich flüchten.

Was erlebtest du in Jerusalem?

Dort habe ich verschiedene Menschen besucht, die alle den Glauben in ihrer Religion lebten, doch ich fand nicht die Liebe, die ich suchte.

Was hast du dann gemacht?

Dann bin ich nach Tibet gereist und habe dort nach Liebe gesucht, wie ich sie fühlen wollte.

Und hast du sie gefunden?

Ansatzweise. Die Menschen dort leben in ihrer Verbindung mit dem Gott in besserem Einklang als die westlichen Kulturen, doch ich wartete auch dort vergebens auf die Liebe, die ich in ihrer Essenz meine.

Was hast du getan auf deiner Suche?

Ich ging in Klöster und lernte die Lehren des Buddhas kennen, doch auch das erfüllte mich nicht. Dann begann ich nach Indien zu gehen, um dort die Veden zu studieren.

Wie konntest du sie studieren?

Die Lehrer vor Ort haben sie mich gelehrt. Diese Lehren waren besonders hilfreich in meiner Suche nach Liebe, denn ich habe dort noch mehr verstanden, wo ich die Liebe finden kann, die ich suchte. Dort bin ich dann geblieben bis zum Ende meines Lebens.

Gab es noch bewegende Momente auf diesem Weg?

Die Menschen waren immer mit sich beschäftigt, doch nie in Verbindung mit ihrer eigentlichen Kraft. Das war für mich das Schwerste am Menschsein, denn ich habe die Liebe in mir gespürt, doch niemanden gefunden, der derartig empfand. Nicht einmal in der Liebe zu einer Frau.

∞

Hattest du denn Frau und Familie?

Nein.

Hat dir das nicht gefehlt?

Nein, die Liebe zu einer Frau ist vergänglich, meine Liebe in mir ist ohne Raum und Zeit, ich wollte einen Partner finden, der ähnlich fühlt, doch ich habe das nicht bei den Frauen gefunden.

Möchtest du mir zu dieser Begegnung etwas sagen?

Der Mann, den ich meine, war nicht mein Partner wie du es meinst, er war ein wirklicher Freund. Diese Begegnung hatte mich am meisten geprägt, denn ich wusste, die Liebe, die ich suche, ist nicht nur in mir, ich muss nur die richtigen Menschen finden, dann werde ich nicht mehr alleine empfinden.

Was war deine Aufgabe, was hast du gearbeitet?

Ich habe gelehrt, was ich auf meinen Reisen gelernt hatte. Diese Form der Arbeit hat mich sehr beglückt.

Wie hast du gelebt?

Ich habe in einem Haus gewohnt.

Wie konntest du dir all die Reisen finanzieren?

Die Reisen habe ich immer schon durch meine Arbeit als Lehrer fi-

nanzieren können. Das Wissen, das ich erlangt hatte, gab ich weiter.

Warst du glücklich in deinem Leben?

Ja.

Was war das Schönste, was du als Mensch erlebt hast?

Die Begegnung mit meinem Freund.

Und was war das Grausamste?

Die Boshaftigkeit der Menschen untereinander.

Bist du in Frieden gestorben?

Ja.

Magst du mir etwas über deinen Übergang berichten?

Ja .

Dann höre ich dir gerne zu.

Als ich starb, war ich sehr müde. Ich legte mich hin und wusste, ich werde nicht mehr hier aufwachen, sondern in einer anderen Welt. Das wahrnehmend legte ich mich hin und benachrichtigte meinen Freund. Dann begann der Prozess der Ablösung. Ich verstarb in langsamen Schritten. Erst nahm ich die Zwischenwelt wahr. Dort ist es nebelig und dunkel in manchen Bereichen. Dann nahm ich die nächste Ebene wahr, und dort war es schon heller und klarer. Diese Ebene war voll von anderen Wesen, die mich bereits erwarteten. Das war sehr beglückend und ich freute mich sehr, dass ich in weiser Gesellschaft war. Die Wesen waren die Freunde der Weisen Bruderschaft.

Hast du in der Zwischenwelt auch andere Wesen wahrgenommen?

Nein.

Hattest du Angst?

Nein.

Was geschah dann, als du bei der Weisen Bruderschaft ankamst?

Die Brüder begrüßten mich und beschützten mich vor Verlustgefühlen. Ich war etwas traurig wegen meinem Freund, den ich zurückließ.

Wie ging es dann weiter für dich?

Ich verbrachte viel Zeit bei ihnen, wenn man es in Zeit benennen möchte. Doch eines Momentes begann ich mich zu fragen, was meine Aufgabe im Kosmos ist, und dann begann ich die Suche nach dieser Antwort. Die Freunde der Bruderschaft wollten mir diese Antwort nicht geben, da ich sie finden musste. Der Weg ist das Ziel, wie du weißt.

Was hast du dann erfahren?

Die erste Begegnung, die ich dann machte, war die mit Dr. Valdivino. Diese Begegnung war sehr erfüllend. Er erklärte mir auf seine liebevolle Weise ,dass es einen Ort gibt auf der Erde, an dem die Menschen Hilfe bekommen mit Hilfe der geistigen Welt. Das wäre eine Möglichkeit, dass ich meine Aufgabe finde. Dann stellte mich Valdivino auch Oswaldo vor, und dieser nahm mich mit in diesen Ort.

Wie nahmst du den Ort wahr?

Die Energie des Ortes war der Energie der Ebene der Meister entsprechend. Dann begann mir Oswaldo dort zu zeigen, wie er die Kraft seines Wesens in den Körper von Joao bringt und dann mit den Menschen reden kann. Der Körper von Joao wurde weit und die Energie von Oswaldo konnte in ihn hineingehen. Die Schichten waren ganz weit und offen. Das ermöglichte diesen Prozess. Dann begann die Schicht, sich wieder etwas zu schließen und der Körper von Joao begann zu sprechen. Das war sehr interessant.

Während du das beobachtet hast, wo genau hast du dich da aufgehalten?

Ich war in der Nähe von Joao.

Und wie hast du die Menschen wahrgenommen, während dieses Prozesses?

Die Menschen waren alle sehr verunsichert und hatten eine Kraft, die so klein schien wie die von Zwergen, im Vergleich zu meiner Perspektive und meinem Empfinden. Das war sehr neu für mich und ich war sehr gespannt. Die Energiefelder der Menschen sind viele

Schichten dick, ich nahm die äußerste Schicht wahr. Das war neu für mich. Ich hatte Derartiges noch nie erlebt. Valdivino begann seine Sitzung und nach bestimmter Zeit verließ er den Körper von Joao wieder und begab sich in meine Höhe. Das war, als würde mir ein Freund einen Ausflug schenken. Dann gingen wir wieder zurück in unsere Ebene. Ich redete dann viel mit Oswaldo Cruz.

Was genau vermittelte er dir dabei?

Er sagte mir, dass die Menschen unsere Hilfe brauchen, und dass ich dort die Möglichkeit hätte, den Menschen zu helfen.

Was hast du dann gemacht?

Dann habe ich weiter beobachtet, wie die OPs bei den Menschen gemacht werden. Diese OPs sind wirklich sehr bewegend. Ich habe auch Derartiges noch nie gesehen, aber ich fand es toll und dann erkannte ich, dass dies eine wunderbare Möglichkeit ist, in meiner Ebene zu verweilen und dabei gleichzeitig helfen zu können.

Wolltest du denn nicht mehr inkarnieren?

Nein.

Warum nicht?

Die Menschen waren mir zu böse.

Diese Bosheit der Menschen, hast du sie jemals vergessen können, jetzt in dem anderen Zustand?

Nein.

Wie ist das jetzt, wenn du den Menschen hilfst?

Dann ist es mir egal, ob sie böse oder lieb sind, ich helfe, weil ich gerne helfe und weil dies meine Bestimmung ist.

Gehst du nun auch in den Körper von Joao?

Ja.

Und wie nimmst du dann die Menschen wahr - durch seine Augen?

Ich nehme immer noch nur die äußere Schicht wahr, doch ich bringe meine Qualität mit ein.

Wenn ihr operiert, wie nimmst du das wahr?

Die OPs werden meist von den anderen Wesenheiten ausgeführt, ich bin dazu nicht wirklich in der Lage. Mag sein, dass ich es einmal sein werde, doch noch ist es nicht soweit. Die Wesenheiten, die das tun, sind weiter in ihren Erkenntnissen.

Also operierst du eigentlich nicht?

Nein, die meisten sichtbaren OPs machen Augusto, Cruz und Valdivino

Was möchtest du den Menschen mit auf den Weg geben?

Dass sie bitte anfangen, ihre Herzen zu öffnen, es ist wie eine Menschheit in einer falschen Form. Die Menschen haben das Herz, doch sie nutzen es nirgends, das ist verrückt. Das ist wie ein Alien auf diesem Planeten, das eigentlich nicht hierher gehört, doch ihr gehört hierher. Diese Welt ist für euch die richtige und ihr habt alle Möglichkeiten des Kosmos zur Verfügung, um die Herzen zu öffnen und endlich in die Verbindung mit den Energien wieder zu gehen. Diese Leben ohne Verbindung machen mich sehr traurig. Das ist nicht der Sinn des Seins. Ich bin hier in der Liebe, die ich immer gesucht habe, doch ihr könnt diese Liebe genauso leben, es ist so einfach. Es ist so schade, dass ich so machtlos war in diesem Punkt, doch ich beginne langsam, den Sinn dieser ganzen Funktionen zu verstehen. Das ist ein Prozess, in dem ich gerade stecke.

Wie fühlst du dich?

Die Gefühle, die du kennst, gibt es hier nicht, doch ich fühle mich hier sehr wohl. Die Liebe ist hier überall und der Respekt. Ich brauche das.

Ich habe gelesen, dass du immer sehr lange mit den Menschen redest, ist das richtig?

Ja, die Menschen fragen immer so viel und ich kann ihnen nicht nein sagen, das ist nun mal meine Art.

Dann bedanke ich mich jetzt bei dir und wünsche dir alles Gute für deinen weiteren Weg.

Danke dir vielmals.

∞

Chico Xavier

Francisco Cândido Xavier („Chico' Xavier), geboren am 2. April 1910 in Pedro Leopoldo, Minas Gerais; gestorben am 30. Juni 2002 in Uberaba, Minas Gerais, war ein sehr bedeutendes brasilianisches Medium.

Das Geistwesen Bezerra de Menezes übermittelte Joao de Deus die Information, dass dessen Mission in Abadiânia sei - dies geschah durch das Medium Chico Xavier. Chico Xavier war der Mentor von Joao de Deus im Leben und ist dies auch noch darüber hinaus. Auf einem Foto, das von Joao de Deus gemacht worden war, konnte man sehr klar den verstorbenen Chico Xavier erkennen, der hinter ihm stand.

Schon von Kindheit an hatte Chico Xavier Kontakt zu Geistwesen. Er veröffentlichte über 400 Bücher, die von Geistern durchgegeben wurden (Psychographie). Der Verkaufserlös der Bücher wurde karitativen Organisationen gespendet, was zu einer großen Popularität des Mediums führte. Durch zahlreiche Radio- und Fernsehauftritte trug er maßgeblich zur Verbreitung des Spiritismus in Brasilien bei. Man schätzt die Zahl der Anhänger des Spiritismus (nach Allan Kardec) in Brasilien auf 4,6 Millionen.

International bekannt wurde Chico Xavier 1979, als im Prozess gegen einen jungen Mann in Goiânia, dem der Mord an einem Freund vorgeworfen wurde, eine von Chico Xavier psychographierte Nachricht des Toten als Beweismittel vom Gericht angenommen wurde und der Angeklagte daraufhin freigesprochen wurde.

Am 2. April 2010, zum 100. Geburtstag von Chico Xavier, wurde „Chico Xavier - Der Film" in Brasilien vorgeführt. Der Film basiert auf der Biografie „As Vidas de Chico Xavier" des Journalisten Marcel Souto Maior. Die Regie führte Daniel Filho. In der 3. Woche hatten schon über zwei Millionen Menschen den Film besucht.

Interview

Ich bitte nun die Wesenheit zu einem Gespräch, die unter dem Namen Chico Xavier den Menschen bekannt ist.

Ja, ich bin da, die Energie ist angenehm.

Ich möchte zunächst wissen, wie es dir dort geht, wo du gerade bist?

Mir geht es gut, ich bin nicht besonders aufgewühlt, doch ich freue mich, dass du mich kontaktierst. Diese Form des Schreibens ist mir sehr bekannt.

Hast du genauso gearbeitet?

Ja.

Dann kannst du mir vielleicht genau beschreiben, was genau da passiert in diesem Prozess?

Du kannst die Energie des Wesens, das du kontaktierst, so nachempfinden, dass du seine Gedanken bekommst. Das ist wie in einer Hülle eine Energie hineingeben. Diese Form beginnt dann zu schreiben.

Das heißt, dass du letztlich gerade in mir bist?

Das ist nicht ganz richtig. Die Energie, die ich bin, ist nicht ganz in dir, aber ich bin mit dir verbunden und dein Wesen kann meine Ge-

danken lesen. Das ist ähnlich aber doch anders, verstehst du?

Ja, das verstehe ich, ich bin so stark mit euch verbunden, dass ich eure Energie ganz deutlich lesen kann.

Ja genau.

Hast du genauso gearbeitet?

Ja.

Was macht das Talent denn aus?

Das können nur diejenigen, die in ihrer Energie sehr rein sind, denn es braucht einen klaren Kanal dafür. Die Wege, würdest du sagen, sind weit, und dazu braucht es ganz klare reine Kanäle, damit die Entfernung, die wir zurücklegen müssen, in dieser Kommunikation nicht wirklich existiert.

Mich interessiert, wie diese Weite letztlich geschieht?

Das ist wie eine Art Zitrone, die du beginnst zu schälen, und dann beginnt die Form, die die Feinstofflichkeit ausmacht. In dieser Form gibt es aber auch viele Vernetzungen und Wege, und die Mitte ist der Kern. Doch ist der Kanal rein, so ist es wie ein Durchstechen der Schale und der Hülle direkt in den Kern.

Ich habe gehört, auch du hattest eine starke Augenschwäche. Ich habe auch mit derartigen Symptomen zu tun, hängt das zusammen? Die Gabe und die körperlichen Erscheinungen?

Nein, die Augenkraft ist mit der Verbindung nicht dieser Art verbunden, das ist anders. Die Augenkraft ist eine körperliche Sache. Der Körper kann die Energie umsetzen oder eben nicht, bei mir konnte er es eben nicht. Das war hart für mich, aber ich habe es angenommen.

Dann bitte erzähle mir nun etwas aus deinem letzten Leben.
Hattest du mehr Kontakt zu Verstorbenen?

Nein, das ist wie bei dir nicht nur dieser Teil gewesen, sondern auch der Teil der anderen Welten. Ich konnte auch in viele Schichten hineingehen.

Hattest du die Problematik des Schutzes, wie ich sie habe?

Etwas anders, ich war in einer anderen Energie zu Hause, daher hatte ich weniger Themen mit den Verstorbenen, doch ich war auch immer aufgerufen, mich zu beschützen.

Hast du damals für deine Arbeit Geld genommen?

Nein, die Arbeit in dieser Mission ist keine, die mit Geld zu bezahlen ist, das ist nicht richtig. Die Menschen gaben mir auch Geld, doch ich war nie in der inneren Erwartung, dass es Geld dafür gibt. Das ist nicht richtig, wenn man verbunden ist.

Mit wem hast du am meisten kommuniziert?

Ich habe am meisten mit der Weisen Bruderschaft gesprochen, das ist doch auch deine Quelle, richtig?

Ja.

Magst Du mir von deinem Übergang berichten?

Ich war in einem Zustand der Ruhe und ich wusste, es geht bald zu Ende. Die Freunde haben es mir gesagt. Das hatte mich nicht beunruhigt, dennoch war ich aufgeregt. Das beginnende direkte Wahrnehmen war noch deutlicher.

Was genau hast du wahrgenommen?

Die Wesen wurden deutlicher spürbar für mich, noch mehr als je zuvor. Das ist wie eine Schicht, die weniger dazwischen ist. Dann bin ich im Traum in eine andere Ebene gegangen und da waren sie alle.

Das heißt, du bist eingeschlafen und verstorben?

Ja ...

Hattest du Angst?

Sehr wenig, es war die Ungewissheit der Wahrnehmung, denn ich hatte ein Leben lang in zunehmender Dunkelheit gelebt und etwas Angst, wie es sein wird, wenn ich plötzlich wieder klar sehe.

Und wie war es dann?

Das Gefühl war sehr schön.

> *Ich habe Liebe in dem Licht empfunden und diese Energie war so heilsam, so verbindend und so reine Freude.*

(Anm. d. Autorin: Das Gefühl ist wie eine Neugeburt, eine tiefe Euphorie durchströmt mich, als würde ich wie ein Kind sein und mich freuen, dass ich nach langer Enthaltsamkeit wieder spielen darf und Freude erleben darf.)

Ich spüre deine Energie und muss weinen, warum ist das so?

> *Das ist die Freude und ein wenig die Traurigkeit, dass ich das ein Leben lang nicht so empfand.*

(Anm. d. Autorin: Ich muss stark weinen, unendlich viele Tränen fließen und ich fühle mich sehr, sehr traurig. Was hier nur mit kurzen Worten beschrieben wird, geht aber mit sehr intensiven Gefühlen einher. Er weint wirklich bitterlich.)

Ich kann dich verstehen, aber es ist ja vorbei jetzt für dich.

> *Ich bin etwas wehmütig, was das angeht ...*

Das kann ich verstehen - was macht dich denn am traurigsten?

> *Die Wahrnehmung, die die Augen einem schenken, ist in gewisser Weise eine Möglichkeit, Schönheit zu erleben und ich hatte diese weniger erfahren ...*

Und wo du jetzt bist, wie sieht es dort aus?

> *Die Energie ist sehr hoch und weise, ich benutze ihre Kraft, um mich zu bewegen.*

∞

Und wie bewegst du dich - mit deinen Gedanken?

Nein, das ist nicht ganz richtig, es sind die Möglichkeiten, die wir kreieren in uns, die uns bewegen. Das heißt, ich formuliere den Willen und dann bestimme ich die Bewegung.

Wie kann ich mir das vorstellen, fliegst du oder läufst du?

Das ist nicht vergleichbar mit der Art, wie Menschen sich bewegen, ich bewege mich einfach.

Hast du eigentlich einen Körper? Wie sieht der aus?

In gewisser weise oval.

Und welche Farbe hat er?

Weiß.

Ich habe gehört, du bist in deinem Leben auch Mentor gewesen von Joao und hast ihm gesagt, dass er hierher kommen soll.

Ja, das war die Wesenheit Bezerra.

Ist Joao zu dir gekommen?

Ja, er wollte wissen, wie er arbeiten soll und wo.

Und Bezerra sagte dir dann wo.

Ja.

Und weißt du heute aus deiner Wahrnehmung, warum gerade hier in Abadiânia?

Weil die Energie des Ortes sehr besonders ist.

Und weißt du, warum das so ist?

Nein.

Hast du dich das nie gefragt?

Sei verbunden und du weißt es.

Ich habe einmal gehört, dass in der Erde sehr viele Kristalle unter der Erdoberfläche waren oder sind ...?

Ja.

Und das seit langer Zeit?

Es gibt hier keine Zeit, wie ihr sie kennt; die Zeit ist eine Scheibe, ich kann sie drehen. Der Ort bleibt in seiner Energie, weil er in der Energie pulsiert, das ist noch viel älter als die Kristalle, die aufgrund der Energetik entstanden sind. Das ist keine Sache, die vergeht, sie ist IN der Erde ...

Jemand anderes hat mir erzählt, dass in Brasilia ein weibliches Chakra wirkt.

Ja.

Wirkt dieses Chakra hier auch?

Nein.

Was ist es dann?

Die Energie der Erde ist hier sehr offen und rein, das ist wie ein Loch in der Energetik, die die Erde umhüllt, dadurch kommen andere Wesenheiten der anderen Ebenen hierher, und dadurch erhöht sich die Energie, es ist eine Synergie, die sich beständig weiter erhält.

Wie hast du nach deinem Übergang Joao gefunden?

Ich habe ihn ganz einfach aufgesucht, das ist ganz einfach, man denkt an jemanden und bekommt die Impulse, wie man ihn findet, das war eine Sache von wirklich nur ganz kurzer Zeit, wenn du es messen möchtest.

Wie hast du dann Abadiânia wahrgenommen?

Ich habe es in weißes Licht getaucht gesehen, das ist sehr selten. Die Erdoberfläche ist meist sehr dunkel.

Wie bist du dann das erste Mal in Joao hineingekommen?

Das war sehr einfach, er hatte meine Präsenz gespürt und dann meinen Namen gerufen, dann bin ich in ihn hinein.

Wie hast du seine Aura wahrgenommen?

Die Aura war weit und groß, er war wie ein Ballon.

Und wie nimmst du die Menschen wahr, wenn sie vor dich treten?

Die Menschen beschützen ihre Probleme mehr als sich selbst - ich nehme ihre Verzweiflung und ihre Ängste wahr. Ich brauchte eine Weile, diese Form der Wahrnehmung zu studieren, doch ich konnte es bald.

Und was genau nimmst du wahr? Wie siehst du die Ängste?

Die Ängste sind schwarz oder braun, die Verzweiflung ist grün, die Bemitleidung ist wie eine Schicht, die noch über diesen Farben liegt, das ist schwer zu beschreiben, da es nicht wirklich Worte gibt, die das beschreiben können.

Gibt es Dinge, die dich traurig machen, wenn du die Menschen hier siehst?

Die Menschen machen die meiste Arbeit noch immer nicht, sie denken, wir machen alles, doch es ist nicht der Fall, wir begeben uns in die Form von Joao, um ihnen zu sagen, was sie machen sollen, und dann machen sie es noch immer nicht richtig. Die Art des Tuns ist es, nicht das Tun selbst. Die Wahrnehmung der Menschen ist mir zu verschlossen, das ist nicht gut , ich möchte am liebsten allen die Herzen aufreißen, damit sie verstehen, wo die Ursache ihrer Leiden ist ...

Ach, das hast du aber schön gesagt.

Nein, das ist nicht schön, Sylvia, das ist sehr traurig, aber ich versuche es in meinem Besten zu verstehen ...

Gibt es dennoch auch schöne Momente?

Ja, die Menschen, die die Herzen öffnen und letztlich die Heilung erfahren, sind das Geschenk, und dafür mache ich das.

Möchtest du noch mal auf die Erde kommen?

Ja.

Warum ?

Ich möchte klar sehen, mit den Augen noch mehr genießen.

Hast du dennoch eine Antwort, warum du in deinem Leben dieses Hindernis hattest?

Das ist eine gute Frage, die klare Sicht, die ich nicht hatte, war der Schlüssel in die Öffnung meiner Seele, in die Energien, die durch mich schreiben wollten, das ist nun mal leider die Wahrheit. Ich habe diesen Preis bezahlt, um diese Mission zu tun.

Und du möchtest nun ein Leben leben, in dem du das Leben feiern kannst mit klarem Blick?

Ja.

∞

Aber es gibt auf der Erde viel Leid, es ist auch mit dem Risiko verbunden, wenn du hierher kommen willst, dass du dann ein anderes Leid erfahren musst?

Das mag sein, aber ich würde es so wählen, dass ich das vermeide. In meinem letzten Leben hatte ich die Augenthematik ja auch gewählt, um nicht vom Weg der Verbindung abzukommen. Ich wollte diesen Weg gehen, und nicht unbestimmt und aus Zufall ist es so passiert.

Lieber Chico, nimmst du die anderen Wesenheiten auch alle wahr?

Ja natürlich.

Kommuniziert ihr untereinander?

Ja.

Hast du Freunde?

Ich bin mit allen gleich befreundet, die meisten sind schon länger in dieser Form, doch ich bewundere ihre Hingabe, als sei es der erste Tag.

Wenn die OPs gemacht werden, was genau nimmst du da wahr?

So, wie du es schon erfahren hast, ich erkenne die Energien, wie sie mit Energie beschleunigt werden, das ist alles.

Möchtest du den Menschen eine Botschaft hinterlassen?

Ja, das möchte ich sehr gerne.
Die Menschen, die hierher kommen, sollen bitte in Ruhe und in Besonnenheit gehen und der Stille lauschen.
Die Heilung ist nicht in der Kommunikation mit den Menschen zu finden, sondern in der Öffnung für unsere Botschaften, die wir ihnen beständig geben. Die Menschen sind zu abgelenkt, selbst hier und vor allem hier. Dies ist ein Ort der Stille. Der dauerhaften Stille.

Ja, das kann ich verstehen.

Die Empfindung des Ortes und der Energien hier wächst um ein Vielfaches, wenn die Kommunikation der Menschen untereinander lauschend schweigt ...

Nimmst du die Lichtkugeln auch wahr?

Ja, die sind lustig, sie bewegen sich ganz schnell und bewegen die Energien auch ganz schnell, das ist alles ganz bunt, ich mag ihnen zuschauen, die meisten sind weiß, doch es gibt auch andere Farben unter ihnen, das ist schön mitanzusehen.
Die weißen Kugeln nehmen die Energien weg von der Seele und beginnen sie zu putzen. Dann geben sie diese Teile wieder in die Seele zurück.

Und ihr als Wesenheiten, wie arbeitet ihr?

Wir nehmen die Energie von den Menschen, die negativ ist, in unsere Felder auf und bereinigen sie, dann geben wir diese Energie wieder zurück.

∞

Und das geschieht alles ganz schnell?

Ja.

Wenn einer von euch in Joao ist, wo seid ihr dann?

Wir sind in unserer Ebene und wirken von dort aus.

Und das funktioniert genauso, wie wir jetzt miteinander kommunizieren, du bist in deiner Ebene und wir sind verbunden, ihr seid in eurer Ebene und verbindet euch mit denen, die dann operiert werden ...Also seid ihr nicht alle in den Räumen, sondern ihr lenkt euer Bewusstsein in die Ebene hier, auf die Menschen hier ...Ihr kommt also tatsächlich nur in die Räume hier, wenn ihr inkorporiert?

Ja.

Warum kann Joao nicht genauso arbeiten wie wir jetzt, indem er einfach Botschaften durchgibt wie du mir gerade?

Das würde nicht reichen, weil dann die Wahrnehmung von ihm nicht ausreicht, er kann zwar Hellsehen aber er kann keine Energiefelder lesen, das können nur wir durch ihn.

Hast du eine Ahnung, was sein wird, wenn er nicht mehr ist?

Das weiß ich noch nicht, aber ich habe eine Ahnung, wir werden in besonders reine Menschen inkorporieren können und dort weiter wirken können.

Das wird wohl dann an verschiedenen Orten sein.

Ich weiß es noch nicht genau.
Die meisten Menschen brauchen dazu noch etwas Zeit.

Hast du einen Lieblingsort in der Casa?

Nein.

Hast du Kontakt zu Dom Inacio?

Ja, aber er ist relativ isoliert, er braucht diese Form der Konzentration.

Kannst du noch andere Wesenheiten wahrnehmen, als die, die bisher kommuniziert wurden?

Nein.

Hast du schon einmal eine OP gemacht an einem menschlichen Körper?

Nein, das traue ich mich nicht, das ist mir zu körperlich.

Kannst du bestätigen, dass die weißen Kugeln hier pyramidenförmig in den Himmel ragen?

Ja.

Gibt es noch andere helfende Energien hier ?

∞

Nein, die Kugeln sind vielfältig genug.

Was geschieht, wenn so genannte Wunderheilungen geschehen?

Diese Art der Heilung ist kein Wunder, sondern wir nehmen die Energien und wandeln sie, und manchmal beginnt der Körper dann sofort zu reagieren.

Warum ist das bei den meisten Menschen nicht der Fall?

Das weiß ich nicht, vielleicht kann dir Salomon dazu etwas mehr sagen.

Joao meinte einmal, Heilung sei ein Verdienst, siehst du das genauso?

Nein, ich sehe das anders. Heilung ist für mich kein Resultat eines Verdienstes, Heilung muss man wollen.

Wen soll ich denn noch unbedingt anrufen?

Die „Leise Form" - sie ist Teil der Kraft von Abadiânia ... die Kraft, die Abadiânia beschützt.

Ich danke dir von ganzem Herzen für das tolle Gespräch.

Danke dir, du Liebe.

Oswaldo Cruz

Oswaldo Cruz wurde 1872 in São Luiz do Paraitinga, São Paulo, geboren. Er verfügte über eine herausragende Intelligenz und konnte bereits mit fünf Jahren lesen und schreiben. Die Familie zog im Jahr 1877 nach Rio de Janeiro um. Im Alter von fünfzehn Jahren ging er auf die Medizinische Fakultät. Als Schüler veröffentlichte er zwei Arbeiten über Mikrobiologie. Im Jahr 1892, im Alter von zwanzig Jahren, schloss er sein Medizinstudium ab. Mit seinen Ausführungen über das Thema „Die Fortbewegung der Mikroben durch das Wasser" bestand er die Prüfung mit Auszeichnung. Im Jahr 1893 heiratete er Emilia Fonseca aus einer alt eingesessenen Familie von Rio de Janeiro, mit welcher er drei Kinder hatte.

Im Jahr 1896 reiste er nach Frankreich und wurde am Institut Pasteur angenommen, wo er drei Jahre lang arbeitete. Er wurde von den Professoren für seine Intelligenz und seine Hingabe an die Mikrobiologie bewundert. Im Jahr 1899 ging er trotz der Einladung der Direktion des Institutes, in Paris zu bleiben, nach Brasilien zurück, von dem es hieß, Brasilien sei ein riesiges Krankenhaus. Er nahm die Einladung an, das Hygieneinstitut zu leiten und die Pest zu bekämpfen, die zu jener Zeit den Hafen von Santos heimsuchte.

Als das Nationale Institut für Serumtherapie auf der Fazenda Manguinhos im Umland von Rio de Janeiro eingerichtet wurde, bat die brasilianische Regierung die Direktion des Institut Pasteur darum, Brasilien einen ihrer Mitarbeiter zu überlassen, um das Projekt der Herstellung von Impfstoffen in Brasilien zu leiten. Als Antwort wurde sie darüber informiert, dass einer ihrer qualifiziertesten Mitarbeiter in Rio de Janeiro lebe und Oswaldo Cruz heiße.

Im Jahr 1900 wurde er eingeladen, gesundheitliche Forschungen in den Staaten des Amazonas (Eisenbahnlinie Madeira - Mamore) und des Pará (Belem) zu betreiben.
Im Jahr 1912 befehligte er die Sanierung des Amazonastales.

Oswaldo Cruz erhielt zahlreiche nationale und internationale Ehrungen und wurde auch in die Brasilianische Akademie der Schriften gewählt.

Im Jahr 1916 zog er sich krank und ausgezehrt nach Petrópolis zurück, wo er zum Präfekten der Stadt gewählt wurde, jedoch vor Ablauf des Mandates zurücktrat, da er durch seine Politik, die das Allgemeinwohl an erste Stelle stellte, privaten Interessen entgegenwirkte.

Er starb im Jahr 1917, noch bevor er sein fünfundvierzigstes Lebensjahr vollenden konnte. Als Erbe hinterließ er eine Stiftung, die sechzig Prozent der Impfstoffe der ganzen Welt produzierte.

Quelle: Spirituelle Heilung, Ismar E. Garcia

Interview

Ich rufe die Energie, die sich den Menschen als Wesenheit Oswaldo Cruz offenbarte.

Lieber Oswaldo. Du hast sicher schon mitbekommen, dass ich euch alle einmal interviewen möchte, um von euch zu erfahren, wer ihr wart, wer ihr seid. Ich habe viel gelesen über dich und erfahren, dass du sehr intelligent warst und schon in jungen Jahren studiert hast. Bitte erzähle mir, wie hast du die Welt wahrgenommen?

> *Als kleiner Junge habe ich die Menschen immer nicht verstanden in ihrer Art, die Welt zu sehen. Das war mir fremd, denn sie waren für mich wie in einem schlafendem Zustand, immer nur halb bewusst.*

Und hast du Feinstoffliches wahrnehmen können damals?

> *Nein, aber ich habe die Energie der Menschen sehen können insofern, dass ich sehen konnte, wie sie verkrustet waren.*

Hast du eine Idee, wo deine besondere Intelligenz ihren Ursprung hat?

> *Das war in mir, die besondere Art der Verbindung, die ich hatte, war sehr energetisch, das ist richtig. Diese Energie war der Grund, warum ich mit sehr jungen Jahren schon so viel verstanden habe.*

Wie würdest du denn diese besondere Art der Verbindung beschreiben?

> *Die Energie, die durch mich hindurchfloss, war nicht einfach nur*

Energie, es war die kosmische Energie, die in dieser Form nur selten fließt.

Was genau macht diese Kraft aus, was ist die Voraussetzung, dass sie so fließen kann?

Die Kraft des Geistes ist der ausschlaggebende Punkt. Die Energie braucht einen Kanal und der Geist muss ihn erschaffen. Ich brachte diesen Kanal mit und das war die Ursache für Derartiges.

Die kosmische Energie hat doch aber überall ihren Ursprung in der Quelle. Meinst du, du hattest eine besondere Gabe der Kanalisation dieser Kraft?

Ja.

Kann man das auch letztlich so übersetzen, dass diese hohe Energie die Zellen transformieren kann und somit das Gehirn auch aktiver arbeiten lassen kann?

Ja, doch ich behaupte auch, dass es noch weitere Komponenten dazu braucht. Die Formung der Zellen ist nicht das Einzige, was dabei geschieht, die Besonderheit dieser Kraft macht es möglich, die Dinge anders zu sehen. Entscheidend ist dabei das Bewusstsein - es lässt dann anders wahrnehmen in dieser Kraft.

Wie bist du in einem derartigen Bewusstsein mit den Menschen umgegangen, die sehr verkrustet und unbewusst lebten?

Das war sehr schwierig, die Menschen waren für mich wie von einem anderen Planeten. Ich wollte ihnen etwas berichten und sie haben es nie verstanden.

Hat dich das traurig gemacht?

Nein, aber ich wusste nicht, warum das so ist und wieso sie so sind. Das war manchmal etwas problematisch.

Doch letztlich haben sie Teile von dir erkannt und dir sogar Preise dafür übergeben?

Ja, doch ich war nicht auf der Erde, um Preise zu bekommen. Ich wollte den Menschen etwas bringen. Dieses Wissen war meine Mission, nicht Preise.

Ich habe gehört, du hast dich auch für Mikrobiologie interessiert und warst da sehr erfolgreich. Warum war es ausgerechnet die Mikrobiologie, die dich so fesselte?

Das ist eine gute Frage, doch für mich waren diese Formen des Seins sehr interessant. Ich wollte den Menschen zeigen, dass die Verbindung zwischen der Mikrobiologie und dem Bewusstsein herrscht; das ist, wie als würde man die kleinen Wesen nehmen, um über die großen Wesen zu berichten. Die Mikroelemente sind alle sehr einfach und leicht beeinflussbar, das macht die Verdeutlichung der Gesetzmäßigkeiten leichter.

Gab es besondere Momente in deinem Leben, die dich geprägt haben?

Der Beschluss der Menschen, dass ich nach Brasilien zurück soll, war für mich die Erlösung. Ich wollte nie wirklich weit reisen, doch ich musste manchmal weg, um dieses Wissen zu verbreiten, doch als ich in Brasilien wirken durfte, war ich beruhigt und in meiner Kraft. Diese Art des Wirkens war mir sehr angenehm, weil sie beschützter war.

Wie hast du dich dann gefühlt?

Ich war sehr glücklich und in meinem Element. Ich wollte immer mehr und mehr den Menschen dadurch helfen.

Hattest du Frau und Kinder?

Ja.

Wie war deine Begegnung mit Frauen? Oft sind diese ja intuitiv und daher verbunden, doch das bedeutet nicht gleich, dass sie bewusster sind als andere Menschen?

Das war sehr schwierig, da sie oft sehr unbewusst lebten. Diese Tatsache war mir sehr suspekt. Einerseits waren sie sehr liebreizend, andererseits sehr unbewusst und dadurch manchmal sehr lieblos; das war wie in einem Clownzirkus - die eine Maske war die Liebe und die andere war die Böse, und beides war Teil einer Person.

Aber du hast ja letztlich jemanden gefunden?

Ja, meine Frau war sehr lieb.

Konntest du die Gabe der speziellen Energie weitergeben?

Nein, das war meine Qualität der Seele, ich weiß nicht, ob man Derartiges vererben kann, und was dazu nötig wäre.

Darf ich dich zu deinem Übergang befragen?

Nein, ich möchte das für mich behalten.

Bitte erzähle mir doch einfach ab da, wo du etwas berichten magst. Ich möchte nur die Verbindung finden von der Form als Mensch in die neue Form als Wesenheit - und warum alles so, wie es jetzt ist, gekommen ist?

Ich war in der Ebene der Meister angekommen und fragte mich dort, was ich Sinnvolles tun kann. Die Menschen brauchten weiterhin Hilfe und ich wollte weiter helfen. Aber ich wollte nicht mehr in einen Körper als Mensch. Dann begegnete ich Valdivino und er begann mir zu zeigen, wie die Wesenheiten in Joao wirken. Er hat mir die Form, die Joao hat, in einer Session gezeigt, und ich habe verstanden, wie es funktioniert. Dann bin ich auch in ihn und habe dort begonnen zu wirken.

Und wie war das ?

Das war sehr anstrengend. Die Form von Joao ist sehr klein im Vergleich zu meiner Kraft und ich musste mich ein wenig beengen in meiner Energie.

Wie war es dann, durch seine Augen zu schauen? Wie hast du die Menschen wahrgenommen?

Das war sehr interessant. Die Bilder, die ich dann sah, waren nicht vergleichbar mit dem, was ich kannte. In den Menschen waren Energiefelder zu sehen, die ich nun besonders klar sehen konnte, und dadurch konnte ich die Ursachen der Krankheiten behandeln. Das war eine tolle Erfahrung.

Kannst du mir ein Bild schicken, wie du sie gesehen hast?

Die Energien sind in den Menschen und in der Aura, das ist nicht zu trennen. Es ist schwer zu beschreiben. Die Worte reichen nicht wirklich, um das zu beschreiben. Du musst dir das vorstellen wie eine Matrone, die in ihrer Energie verwandelbar ist, das braucht Zeit, doch es ist möglich, und wir geben hier die Impulse, um die Energie zu verwandeln.

Wie sieht eine Ursache für eine Krankheit genau für dich aus? Woran erkennst du Krankheit?

Das ist die dunkle Energie. Ich sehe noch viel mehr als nur dunkle Energie. Es ist wie eine besondere Art von Energie, die nicht gesund ist. Das ist schwer zu beschreiben, man weiß es, wenn man es sieht. Diese Energie ist nicht gesund und dann will man diese Energie gesund machen.

Wann entscheidest du, dass ein Mensch in den Current soll und wann soll er in eine OP?

Das liegt an der Energetik des Menschen. Ist er stark genug, be-

kommt er eine OP. Ist er noch schwach in seiner Energie, dann muss er erst mal meditieren. Das ist wie die Vorbereitung in die OP.

Es gibt viele Menschen, die sagen, dass der Current auch heilsam ist, wie würdest du denn den Current beschreiben, was genau passiert dort nach deiner Wahrnehmung?

Das ist wie eine Lichtverbindung, die die Menschen dort bekommen. Die Energie fließt durch den Raum und damit durch die Menschen, und das bewirkt, dass sie langsam in ihrer Energie gesunden. Dann, wenn sie bereit sind für eine OP, wird operiert. Das ist wie schon erwähnt immer unterschiedlich.

Und wie nimmst du die OPs wahr?

Genauso wie die anderen.

Machst du gern auch sichtbare OPs?

Ja.

Wo hast du das Wissen her?

Aus unserer Perspektive hier ist die Arbeit an euren Körpern nicht wirklich vergleichbar mit einer normalen OP in euren Krankenhäusern. Das ist ganz anders und ich habe Dr. Augusto zugeschaut und verstanden, was genau er tut.

Und wie würdest du es mit deinen Worten beschreiben?

Die Energie, die er dabei in die Körper gibt, ist eine reine Seelenenergie. Das braucht kein großartiges Verständnis von innerer Medizin, das zu tun und das zu verstehen .Die einzige Hürde ist der Schnitt im Körper, aber das ist Übungssache. Das erste Mal war für mich etwas schwierig, doch ich habe es mit Hilfe von Dr. Augusto hinbekommen. Dann ging es. Das Schwierige ist ,dass der Körper des Menschen sehr klein ist und ich komme mir vor, als würde ich einer Maus in das Gewebe schneiden.

Aber wenn du in Joao bist, ist die Proportion doch genauso wie eine menschliche Wahrnehmung?

Das ist richtig, doch ist meine Wahrnehmung von Kraft eine andere.

Und wie ist das bei den Augen-OPs?

Das ist ähnlich, wir müssen unglaublich feinfühlig sein, um das zu tun.

Gibt es etwas, das dich stört, wenn du in der Casa visuell arbeitest?

Nein, das ist nicht möglich. Ich bin dann so konzentriert, dass ich alles andere ausblenden kann. Die Körperlichkeit von Joao ist etwas eigen, doch ich bin froh, dass ich es so tun darf.

Kannst du mir berichten, wie du dich fühlst, wenn du diese Arbeiten tust?

Das ist schwer zu beschreiben, doch ich versuche es. Die Men-

schen müssen wissen, dass wir nicht werten, wenn wir sie bereinigen. Die Wahrnehmung unserer Welt ist nicht in Wertungen möglich. Du kannst dir das vorstellen wie das Betrachten von Eiern, die sich alle vor dir sammeln; alle sehen sie gleich aus, doch manche haben eine andere Farbe ... manche sind größer, doch im Endeffekt sind es Eier.

Also nehmt ihr die Persönlichkeit eines jeden Menschen gar nicht wahr?

Genau.

Und die interessiert euch auch gar nicht.

Genau.

Also habt ihr dabei auch keine Empfindungen?

Ja, dennoch nehmen wir wahr ... auf vielschichtige Weise.

Gibt es denn auch bei dir Dinge, die dich traurig stimmen bei dieser Arbeit?

Ja, wenn ich beobachten muss, wie die Menschen hier nicht wirklich mitmachen. Die Art der Konzentration auf eine Sache ist entscheidend, wie diese beschleunigt, doch hier sind viele Menschen, die nicht wirklich bei der Sache sind.

Was meinst du ist die Ursache davon?

Die Ursache ist mit vielen Dingen verbunden. Es ist die Tatsache, dass die Menschen hier nicht alleine sind, sondern in vielerlei Ablenkung stecken durch Kommunikationen untereinander, und es ist die Tatsache, dass die Menschen besonders beschützt werden sollen hier, doch wir schützen sie nicht vor ihrem Schicksal. Der Weg, den sie gehen, ist ihr Weg, wir können nur Impulse geben, doch wenn sie diese nicht umsetzen, ist das nicht mehr in unserer Macht. Ich betone gerne noch einmal: die Verantwortung und die besondere Umgebung fordern von ihnen hier vollste Konzentration.

Gibt es eine Arbeit, die du besonders gerne machst hier?

Ja, die OPs in dem Energieraum, die nicht sichtbaren Ops, mache ich sehr gerne. Dabei ist es so schön zu beobachten, wie die Energien wachsen. Du musst dir vorstellen, die Menschen kommen in die OP und sind in ihrer Kraft relativ klein ... dann kommen wir mit unserem Bewusstsein und heilen die Energien ... dabei vergrößert sich ihre Aura und sie werden weiter, das ist, wie als würdest du Blumen gießen. Die Kraft wird weiter und größer - immer wieder schön anzuschauen.

Es gibt Menschen die müssen sehr oft in OPs, warum ist das so, warum geht es nicht mit einem Mal?

Das ist eine gute Frage. Ich habe dazu folgende Antwort: Die Menschen brauchen immer etwas Zeit, um zu realisieren, was passiert. Die Energien brauchen auch etwas Zeit, um in allen Schichten und Wirkungsfeldern zu wirken, das Ganze braucht wiederum Zeit, um sich in der Materie zu festigen, und in dieser Zeit beginnen die Menschen mit ihren Glaubensmustern und den Gedanken weitere Blo-

ckaden neu zu erschaffen, das ist der Grund, warum wir dann erneut operieren müssen.

Schaffen es die Menschen, anhand ihrer alten Glaubensmuster einen ganzen Heilungsprozess nach einer OP rückgängig zu machen?

Ja.

Was geben wir ihnen mit auf den Weg, damit das nicht geschehen kann?

Dass sie bitte nicht in ihre alten Muster gehen; immer dann, wenn sie merken, das ist jetzt wie früher, sollten sie es ändern, das ist eigentlich ganz einfach.

Was ist die Ursache, warum machen sie es so kompliziert?

Das ist nicht beschreibbar, ich habe es im Leben nicht verstanden und ich verstehe es jetzt nicht - es ist eben so. Sie sind so und werden wohl auch noch lange Zeiten so bleiben.

Hast du eine besondere Einstellung zur Kirche?

Die Kirche ist mir ein Dorn im Auge, denn einerseits ist sie als Idee gut, doch die Umsetzung ist falsch. Ich würde gerne dazu etwas sagen:
Die Energie, die die Menschen durchfließt ist eine freie Energie. Die Seele braucht diese Freiheit und sie braucht die Weite. Die Menschen können diese Weite auch leben, doch die Institutionen wie beispielsweise die katholische Kirche ist nicht darauf ausge-

richtet, die Menschen in ihrer Weite zu unterstützen, das ist schade, denn im Prinzip übermitteln sie nicht nur Schlechtes.

Es gibt doch in der Kirche auch Menschen, die verbunden sind und energetisches Wissen haben?

Ja, das ist sicherlich eine Frage der Macht. Wenn du die Menschen befreist, dann hast du keine Macht mehr über sie, und das ist vielleicht die Ursache der Problematik der Kirche; denn wenn sie Macht wollen, dann sind sie nicht verbunden. Die Kirche hätte noch viele Tausende mehr Anhänger, wenn sie nur wahrhaftig und frei wäre, doch diese Art der Weitervermittlung von Wissen ist nicht gut.

Bist du sicher, das ich diese Botschaften weitergeben soll? Viele Menschen brauchen den Glauben und halten an ihm fest, um zu überleben?

Ja, das ist richtig, doch du bist nicht hier, um den Menschen Berichte zu geben von den Dingen, die sie hören wollen. Du hast die Aufgabe, das Wissen in seiner eigentlichen Wahrheit zu kommunizieren und nicht, wie es die Menschen gerne hätten.

Was schätzt du an Dom Inacio sehr?

Seine Art, die Dinge zu tun, ist sehr kraftvoll und ich mag das; ich mag Wesen, die nicht in Grenzen denken. Er ist als Mensch schon so gewesen und ist es jetzt als Wesen noch mehr. Er kennt keine Grenzen und er lebt dies, und das ist unglaublich zu beobachten. Das zeigt sich in seiner Art, den Menschen zu begegnen und zu helfen. Ich beobachte immer wieder, wie er sie noch lange nach ihren OPs beobachtet und für sie da ist, das ist unglaublich aufmerksam.

Wenn man in Kräften messen wollen würde, wo würdest du Dom Inacio ansetzen?

Als einen der Kräftigsten von uns, danach kommt Dr. Augusto, dann Pereido, dann ich.

Wie nimmst du die weißen Kugeln wahr?

Sie sind sehr schön anzuschauen. Sie sind die kleinen Helfer an unserer Seite, wir brauchen sie.

Was genau machen sie aus deiner Wahrnehmung?

Das ist leicht zu beschreiben, sie bereinigen die Felder, wenn es kleinere Reinigungen sind. Das ist ganz bezaubernd zu beobachten. Sie nehmen die Energie, putzen sie und geben sie wieder zurück

Wie putzen sie die? Sie haben doch keine Arme und Hände?

Sie „verschlingen" sie und dann kommen die Energien wieder neutral heraus, das ist ganz unglaublich zu beobachten.

Was meinst du ... waren diese Kugeln schon immer hier?

Ich glaube sie sind fester Bestandteil der Erde. Ich glaube sie sind eine Mischform, die einerseits an die Energie der Erde gebunden ist und durch die Form der Sonne Nahrung aufnimmt, doch andererseits feinstofflich ist. Es ist nicht leicht für mich, das zu erklären.

∞

Gibt es denn in der Casa einen Bereich, den du gerne besuchst?

Nein, ich bin gerne in meiner Ebene und wirke von ihr aus gerne in alle Bereiche der Casa hinein, das ist alles und das ist schön so ... doch einen besonderen Ort habe ich dort nicht.

Bist du oft in der Casa mit deiner Aufmerksamkeit?

Ja und auch oft in Joao.

Was machst du lieber, im Körper von Joao sein oder OPs machen aus deiner Ebene heraus?

Gute Frage, ich muss überlegen. Die OPs sind so schön anzuschauen, doch das betrachten der Aurafelder ist auch sehr interessant ... die vielen verschiedenen Formen zu sehen ... es ist nicht zu vergleichen, daher kann ich dir das nicht beantworten.

Möchtest du den Menschen denn noch eine Botschaft mitgeben, wenn sie hier auf den Weg der Heilung gehen?

Dass sie bitte, bitte, bitte, bitte noch bewusster in diesen Prozess gehen. Es ist kein Urlaub.

Was bereitet dir besondere Freude?

Das Beobachten, wenn Menschen wirklich heilen. Das ist wie eine Neugeburt, ihre Energie beginnt zu fließen und ist dann wie ein Springbrunnen; da, wo vorher keine Energie war, fließt nun Energie und alles beginnt zu leben, es ist unglaublich schön.

∞

Fehlt dir etwas aus der Zeit des Menschseins?

Das kann ich schwer sagen, es ist hier in diesem Zustand so schön, dass ich wenig vermisse vom Menschsein, doch sagen wir mal die Genüsse, das Sinnliche fehlt etwas, aber nur gering.

Was fehlt dir denn am meisten von den Sinnlichkeiten? Das Küssen? Oder das Essen? Oder was?

Das Küssen ist nicht so wichtig, wie die Menschen glauben, aber das Essen ist schon sehr schön.

Möchtest du einmal wieder inkarnieren?

Nein, diese Form hier ist wunderschön und ich kann hier auf diese Weise den Menschen besser helfen, als ich es als Mensch tun konnte. Damals war es noch viel schwerer mit derartigem Wissen Aufmerksamkeit zu bekommen, doch ich kann von hier aus machen, wie ich mag und meine, ohne dass ich komisch angeschaut werde, wie sonst im Leben früher; ich erfahre keine Wertungen mehr zu meiner Arbeit.

Weißt du, warum du so früh gestorben bist?

Das ist glaube ich eine Frage dieser Energie, die Lebensweise, die ich hatte, war nicht wirklich förderlich für diese Energie, und dadurch begann sie sich zurückzuziehen, dieser Rückzug war mein Tod. Ich hätte diese Kraft mehr fördern müssen.

∞

Nun, dann bin ich am Ende meiner Fragen und möchte mich ganz herzlich für deine tollen Antworten und dein Vertrauen bedanken.

Danke dir.

König Salomon

König Salomon war der zweite Sohn König Davids. Laut biblischen Aufzeichnungen regierte er vierzig Jahre lang auf dem Thron Israels (970 - 930 v. Chr.). Als Staatsoberhaupt ragte er dank seiner administrativen Kompetenz heraus; er ließ Straßen bauen und intensivierte den Handel, der bis zu Orten fernab seines Königreiches ausgeweitet wurde.

Obwohl er über eine starke Streitmacht verfügte, zog er es vor, zu verhandeln anstatt Krieg zu führen, wobei er geschickt genug war, den Frieden aufrechtzuerhalten und Krieg zu verhindern.

Mit kosmischem Bewusstsein bedacht, konnte er perfekt zwischen negativen und positiven Kräften unterscheiden, was an dem Wissen lag, welches er sich in der Meditation erworben hatte, so dass sein freier Wille ihm den Gebrauch der positiven Kenntnisse ermöglichte. So ließ er die negativen Interessen hinter sich und wandte seinen Geist der guten Seite der Kenntnisse zu.

Obwohl es viele Legenden über dieses Thema gibt, schenkten ihm die so genannten „Minen des König Salomon" die notwendigen Reichtümer für einen verschwenderischen Staat. Umfassende archäologische Studien fanden mitten im afrikanischen Urwald Spuren einer Festungsstadt mit verlassenen Minen in nächster Umgebung, was den Glauben nährt, dass es sich um die reiche und verlorene Stadt Ofir handelt, woher die großen Goldsendungen für Salomon kamen.

Seine Präsenz ist besonders markant in der Geschichte der Freimaurer, denen der von ihm konstruierte Tempel als symbolische Grundlage dient.

∞

Historisch bekannt ist er durch seinen ausgeprägten Sinn für Gerechtigkeit.

In seinen Urteilen strebte er danach, jedem das Seine zu geben.

Bekannt ist sein Urteil im Fall zweier Frauen, die darum stritten, die rechtmäßige Mutter ein und desselben Kindes zu sein. Um den Rechtsstreit zu beenden, befahl Salomon, das Kind in der Mitte zu teilen und jeder der angeblichen Mütter eine Hälfte zu geben. Die echte Mutter flehte darum, das Kind am Leben zu lassen und es der anderen Frau zu überlassen. Salomon entschied weise, dass das Kind dieser Frau ausgehändigt würde, da nur eine echte Mutter zu Gunsten einer anderen Person verzichten würde, um das Kind am Leben zu erhalten.

König Salomon werden auch zwei biblische Bücher zugeschrieben.

Quelle: Spirituelle Heilung, Ismar E. Garcia

Interview

Lieber König Salomon, wenn ich dich spüre, ist da sehr viel Liebe und ich bekomme Tränen in den Augen, was ist das?

Ich freue mich so, dass du mich kontaktierst.

Sind das dann Freudentränen?

Ja, das sind Freudentränen.

Warum?

Die Menschen verstehen mich immer nicht und ich bin so voller Freude, dass ich nun die Möglichkeit habe, ihnen Botschaften zu bringen.
(Anm. d. Autorin: Es ist, als würde mein Herz tausendmal größer sein und als gäbe es keine Trennung zwischen dem Körper und dem Kosmos, und ich „bin" nur diese Energie, die wir in unseren Herzen spüren. Es ist ein interessantes Gefühl, weil es nicht Traurigkeit ist, doch ist es sehr intensiv, was ich empfinde ...)

Lieber König Salomon, bitte berichte mir, wo erreiche ich dich?

Du erreichst mich in der fünften Ebene.

Ich hatte durch die Weise Bruderschaft erfahren, dass die fünfte Ebene die Ebene der Wächterenergien ist, ist das richtig?

Ja, das ist es, die Wächter sind auch hier, doch ich bin es auch und viele andere auch. Wir sind dazu da, die Energie zu beschützen.

Wie macht ihr das?

Das ist nicht einfach zu erklären, die Energien im Kosmos haben ihren freien Willen. Dieser kann manchmal Negativität erschaffen. Damit dies nicht im Übermaß geschieht, braucht es eine Art beschützende Energie und diese ist hier und wirkt von hier.

Wirkt ihr folglich immer dann, wenn im Kosmos vermehrt Negativität erschaffen wird?

Ja genau.

Also seid ihr auch zugange, wenn die Menschen in einem weiteren Akt der Unbewusstheit sich selbst vernichten - mit Kriegen oder Terroranschlägen und Ähnlichem?

Ja, wir versuchen die alles lenkende Energie, die das ermöglicht, danach zu bereinigen und schaffen dadurch nicht zu viel Negativität.

Also ihr dämmt die Resonanzen etwas ein?

Ja genau.

Lieber König Salomon, ich freue mich wirklich sehr, dass ich dich nun sprechen kann. Ist die Art, wie ich es mache, gut für dich?

∞

Ja das ist sie. Du bist immer verbunden mit mir und das ist deine Gabe, daher werden wir noch viel miteinander reden können.

Darf ich dich nun zu deinem letzten Leben etwas fragen? Ich habe von dir gelesen, dass du sehr weise warst in deinen Entscheidungen. Bist du schon immer so gewesen oder hattest du spezielle Lehrer, die dir diese Weisheiten vermittelt haben?

Ich war immer so, ich kam auf die Erde und war immer sehr verbunden mit den Welten der Feinstofflichkeit, wie ihr es sagt.

Wie hast du die Menschen damals als Mensch wahrgenommen?

Die Menschen waren sehr unbewusst und ich habe dies schmerzhaft erleben dürfen, denn ihre Worte waren für mich wie Pfeile.

Aber du warst ein König, daher hattest du es doch in jedem Fall leichter als jemand, der in der Hierarchie der Menschen weiter unten steht und noch respektloser behandelt wird?

Ja, das mag sein, doch sogar in meiner Schicht waren die Menschen nicht respektvoll und liebevoll zueinander. Das ist leider nicht an Schichten gebunden sondern immerdar.

Waren deine Eltern nicht sehr liebevoll zu dir?

Doch.

Gab es etwas in deinem Leben was dich besonders berührt hat?

Die liebevolle Art von meiner Mutter. Sie war sehr weise und hat mir viele wichtige Botschaften mitgeben können in meine Wirkungszeit. Das ist wirklich wichtig gewesen, denn ich wäre sonst verloren gewesen mit meiner Empfindsamkeit.

Hast du eine besondere Wahrnehmung der Feinstofflichkeit gehabt?

Nein, mein Gefühl war meine Wahrnehmung.

Also hast du dich immer von deinem Gefühl leiten lassen?

Ja.

Konntest du das immer nutzen oder ging das nicht immer?

Das Leben ist ein Wechselbad von Konflikten und Fluss, das ist nun mal so. Ich habe manchmal mehr Konflikte gehabt, manchmal weniger.

Es ist eine Geschichte überliefert, in der du in einem Streit zwischen den zwei Frauen sehr weise gehandelt hast?

Ja, ich weiß, diese Geschichte mögen die Menschen.

Gab es noch etwas, auf das du besonders gern zurückschaust?

Ja, sehr vieles, ich war prinzipiell sehr zufrieden, sowie ich meine Kraft ganz leben durfte. Das war sehr schön.

Hattest du auch Frau und Kinder?

Ja, das war sehr schön, ich hätte gerne noch mehr Kinder gehabt, doch es war nicht möglich, wegen ihr.

Und was hat dich am traurigsten in deinem Leben gemacht?

Die Grausamkeit der Menschen untereinander.

Dann lass uns weitergehen in deiner Geschichte. Magst du mir von deinem Übergang berichten?

Ja.

Was geschah, als du deinen Körper verlassen hattest?

Die Kraft, die ich bin, ist im Prozess des Verlassens des Körpers in eine andere Form gegangen. Das ist folgendermaßen vonstatten gegangen: Ich habe die Menschen als Körper wahrgenommen doch auch als Energie aufgrund meiner Gefühle, mit denen ich wahrnahm. Als ich den Körper verließ, war ich nur noch in der Welt der Gefühle und Hingabe. Dadurch war ich imstande, die Energien plötzlich deutlich zu sehen. Die Energien waren verschieden, mal bunt, mal kalt, mal warm, mal friedlich.

Du hast bunt gefühlt?

Das ist eine lustige Frage, ja, ich habe es so gesehen und gefühlt.

Wie hast du die menschlichen Körper in diesem Zustand wahrgenommen, außerhalb deines Körpers?

Es war nur noch Energie, die ich wahrnahm, nicht die Formen ihrer menschlichen Körper.

In welcher „Umgebung" hast du die Energien der Menschen wahrgenommen?

Um sie herum war es noch etwas dunkler als die Energien selbst, es war wie ein Meer aus Schlamm, in dem sich die Energien befanden. Der Schlamm war immer gleich dick.

Hattest du Angst?

Nein, die Energie in einem kennt keine Angst, das ist das Ego, das Angst hat.

Wie ging es dann weiter?

Dann habe ich mich hingezogen gefühlt in eine andere Wahrnehmung. Ich wollte wieder die Reinheit fühlen, die ich fühlte, daher bewegte ich mich fort von diesem Zustand und begann den Weg in die fünfte Ebene.

Wie sah dieser Weg aus, ging das schnell, ging das langsam?

Das ging relativ langsam. Ich wollte die einzelnen Ebenen besuchen und verstehen.

Erzähl mir bitte davon.

Das ist, wie wenn du in Stufen nach oben fliegst. Ich habe immer wieder angehalten und habe genau geschaut, was ich sehe. Die erste Schicht war diese dunkle Schlammschicht. Die nächste Stufe war schon heller und ich fühlte mich schon besser. Dort waren auch viele Energien wie die, die ich bei den Menschen wahrnahm, aber sie waren nicht so negativ umzingelt. Die Umgebung um sie war viel heller und positiver.

Hast du mit ihnen kommunizieren wollen?

Nein, nur beobachtet. Ich wusste, wo ich bin.

Wo warst du denn nach deinem Wissen?

In der Welt der Verstorbenen, die heller schwingen, höher schwingen.

Und dann?

Dann bin ich in die zweite Ebene, die der Engel. Hier sind die vielen kleinen Lichtkugeln her.

Ach wirklich?

Ja, die Kugeln waren sehr lieb anzuschauen, das war sehr schön, ich habe ihnen gerne zugeschaut, diese Freiheit, diese Friedlichkeit und Freude, die sie versprühen, ist wunderschön. Das ist wohl der Grund, warum die Menschen diesen Kugeln diese Bezeichnung gegeben haben, die Engel.

Und was haben die Kugeln gemacht?

Die Kugeln haben sich bewegt und tanzten hin und her. Manchmal kam ein Meister und nahm sie mit.

Ach, das war dann so in der Art: „Bitte, kommt mit mit mir und helft mir in meiner Mission, die ich gerade habe"?

Ja genau.

Wie hast du diese Meister wahrgenommen, wie sahen die aus?

Es sind ovale Energien nach euren Formlehren, die die Kugeln besuchen. Die Kugeln schlossen sich dann in Scharen den ovalen Energien an und folgten Ihnen. Dann sind sie in einen anderen Bereich gegangen, das konnte ich nicht mehr sehen.

Und dann?

Dann bin ich wieder weiter gestiegen, etwas höher, und habe dort geschaut.

Was hast du da wahrgenommen?

Dort habe ich die Meister gesehen. Das waren viele, viele Meisterenergien. Das ist wie ein Meer aus ovalen Energien, die groß und mächtig scheinen. Das ist sehr imposant.

Hattest du in dieser Wahrnehmung auch einmal geschaut, wie dein Körper aussieht?

Das ist eine gute Frage, nein, ich hatte das noch nicht in meinem

Bewusstsein, dass ich selbst auch einen Körper haben könnte. Die Interessen waren noch woanders.

Konntest du mit den Meistern kommunizieren?

Hm ... die Meister waren sehr intensiv dabei, ihre Aufmerksamkeit auf Menschen zu lenken, und auf andere Wesen im Kosmos.

Moment, du möchtest damit sagen, dass die Meister auf allen Planeten wirken und nicht nur die Menschen betreuen, richtig?

Ja genau.

Wann kann ein Meister handeln, und was genau tut er dann, hast du das erfahren können bei deiner Reise?

Die Meister können nur handeln, wenn sie gerufen werden. Das geschieht über Gebete und direkte Anrufungen.

Und wie arbeiten die Meister?

Wenn sie gerufen werden, dann beginnen sie aufgrund der Aufmerksamkeit, die sie lenken, diesen Wunsch oder das Gebet zu lesen, dann erst reagieren sie. Je nachdem wie die rufende Energie aufgebaut ist: Ist sie rein, ist es schneller für sie umsetzbar, ist sie verunreinigt, braucht es Helfer.

Ach und da kommen dann die Lichtkugeln zum Einsatz?

Ja genau.

Das heißt, wenn ein Meister etwas umsetzen will, dann holt er sich die Kugeln zum Bereinigen der Energie, die ruft, zur Seite?

Ja genau. Er lenkt die Kugeln in die Bereiche, die gereinigt werden müssen bei diesen Menschen. Dann erst kann er reagieren. Die Verunreinigung bestimmt den Grad der Wirkung der kosmischen Kraft.

Und wenn der Wunsch/die Bitte umgesetzt ist, geht die Energie der Meister in ihrer Aufmerksamkeit wieder zu sich, richtig?

Ja.

Nur noch mal genau zum Verständnis für die Menschen, die gerne räumlich denken. Die Energien der Meister bleiben prinzipiell in ihrem Zustand, in ihrer Ebene, doch sie bewegen ihr Bewusstsein, ihre Aufmerksamkeit, richtig?

Ja, das ist richtig. Die Meister brauchen eine bestimmte Art von Energie, um in Körper gehen zu können, das ist selten der Fall, daher bleiben sie in ihrer Ebene, doch ihre Konzentration und ihr Bewusstsein lenken sie in eure Ebene.

Und wie ist das mit den Lichtkugeln? Die bewegen sich doch wirklich auf der Erde?

Ja genau, die Lichtkugeln können immer auf die Erde, doch nicht immer sofort wirken. Das ist wieder eine andere Sache. Die Menschen sind umgeben von dieser Schicht aus Schlamm und die Engel, wie ihr sie nennt, brauchen dann mehr Zeit, um in diese Schicht zu dringen. Deshalb ist es leichter, an einem Ort wie hier (in Abadiânia) zu wirken, als an anderen, da die Schlammschicht nicht mehr dazwischensteht.

Wie ging es dann weiter?

Ich wollte weiterschauen, das habe ich dann auch getan. Deshalb begab ich mich in die nächste Ebene. Die Vierte. Das ist die Ebene, die auch Meister beherbergt, doch sind es andere Wesenheiten. Hier wirken die noch höheren Energien dieser Meister in besonderen Funktionen, mit besonderen Qualitäten.

Was hast du dort wahrgenommen?

Dort habe ich die Energie von Dom Inacio wahrgenommen, wie er mit seiner Energie in die Menschenwelt hinein wirkt. Das war sehr interessant und ich beobachtete das sehr aufmerksam. Die Menschen waren in seiner Nähe, doch er war in dieser Ebene wie ein Faden in die Ebene hinein. Es ist schwer mit Worten zu beschreiben.

(Anm. d. Autorin: Er schickt mir ein Bild, wie Dom Inacio seine ganze Aufmerksamkeit auf die Menschen gelenkt hat und die Menschen zu ihm aufschauen. Er ist hochschwingend wie über ihnen, doch sehr mit ihnen verbunden. Die Menschen suchen ihn und er sucht sie, doch das Ganze auf und vor allem durch verschiedene Ebenen hindurch. Daher die Beschreibung mit dem Faden. Es ist in der Tat sehr schwer zu beschreiben. Selbst mir fällt es jetzt schwer, das Bild zu beschreiben, das er mir geschickt hat.)

Lieber König Salomon, aber du bist auf der Zeitlinie der Menschenwelt viel früher diesen Übergang gegangen als Dom Inacio, wie erklärst du das nun?

Ja, das ist richtig, aber Dom Inacio war damals in meinem Übergang schon in dieser Kraft, auch wenn er selbst noch ein paar Mal inkarnierte. Ich nahm ihn in seiner Kraft wahr, unabhängig von seinen Inkarnationen und dem, wie ihr heute sein Wirken erfahrt.

Und als du ihn beobachtet hast, war er da in einem inkarnierten Zustand?

Ja.

Das heißt, sein hohes Bewusstsein hast du wahrgenommen, seine Energie aber war in einem Organismus?

Ja.

Und wie ging es weiter?

Ich habe ihn weiter beobachtet, doch ich bin weiter gestiegen in eine andere Ebene hinauf. Das ist der Bereich, in dem ich nun zu dir spreche. Es ist der Bereich der stabilisierenden Energien. Ich bin dort geblieben, es ging nicht höher für mich. Das war die letzte Stufe, die ich wahrnehmen konnte.

Ich glaube, ich erinnere mich, dass Chico Xavier betont hat, du seist auch Teil der Weisen Bruderschaft? Die befindet sich doch aber eher auf der sechsten Ebene?

Das ist richtig, doch die Weise Bruderschaft wirkt durch mehrere Ebenen. Dies beginnt in der vierten Ebene, daher ist die Wahrnehmung von Chico richtig, doch ich bin nicht die ganze Zeit bei ihnen, sondern ich wirke von dieser Ebene in die Thematik, die von hier aus bearbeitet wird.

Wie nimmst du denn die Weise Bruderschaft wahr?

Das kann ich nur bedingt, doch ich nehme sie als sehr weiß und weit wahr ...

Wie hast du dich dann gefühlt in der fünften Ebene?

Das war sehr schön, ich war umgeben von Energien, die helfen wollten, das ist, wie als würdest du in eine Familie aufgenommen werden, die die gleiche Absicht hat.

Aber wollen nicht alle Energien der höherschwingenden Ebenen helfen, die Engel, die Meister, die Bruderschaft usw.?

Das ist richtig, doch für mich war diese Energie die mir entsprechende.

Und von dort aus wirkst du nun und willst nicht mehr inkarnieren?

Nein, das brauche ich nicht, ich kann von hier aus wirken; das ist mir lieber, diese Bösartigkeit der Menschen ist schon eine sehr eigene Sache.

Magst du mir etwas beschreiben, wie es aussieht von da, wo du wirkst?

Das ist leicht: es ist hell und schön.

Nimmst du Landschaften wahr?

Ja, die Formen sind allerdings etwas anders, wir haben auch eine Art Landschaft, doch es ist mehr wie eine Art Wolkenlandschaft, alles ist weich und leicht.

Gibt es Farben?

Nein nicht so ...

Wie viele seid ihr?

Wir sind sehr viele, doch das ist nicht von Relevanz.

Dann lass uns nun nach Abadiânia schauen? Wie genau kam es, dass du in Joao inkorporiertest?

Die Arbeit in meiner Ebene ist sehr verantwortungsvoll. Ich habe nach einer Abwechslung gesucht und wollte wieder einmal dieses Wesen besuchen, das ich so faszinierend fand in seiner Art auf der anderen, unteren Ebene. Daher begab ich mich einmal in diese Ebene und sah, wie dieses Wesen dort war. Ich sprach zu ihm und er erläuterte mir, wie er jetzt wirkt. Er war die Institution, die die Wege schafft, das Wirken zwischen feinstofflichen Energien und materiellen Energien zu verbinden. Dann habe ich ihn beobachtet, wie er in den Körper von Joao ging.

Also bist nicht du als Erster in den Körper von Joao gegangen?

Nein, er hat mir gezeigt, wie das bei ihm geht, doch ich bin als Erster in seinen Körper, als Joao es bewusst wahrnahm.
Du musst dir das vorstellen wie eine Konversation über besondere Kommunikation. Die Energie, die Dom Inacio ist, baut Brücken, das heißt, er hat den Joao gefunden, er hat ihn in der Menge der Menschen als die weite Seele erkannt und begonnen, ihn darauf vorzubereiten, dass er sich noch mehr öffnet. Dann war er bereit, und ich begann die Inkorporation zu tun. Das war der Weg.

Also habt ihr in diesem Prozess schon zusammengearbeitet?

Ja das ist richtig.
Dom Inacio hat mir nicht erklären müssen, wie es geht, als ich sah wie Joao ist. Er ist weich und offen. Das benutzen wir, um in ihn hineinzugehen.

Und wie fühlt sich das an?

Das ist eine interessante Frage. Das Fühlen ist uns prinzipiell nicht mehr so gegeben, wie ihr es kennt in einem Organismus, doch ist es eine Wahrnehmung, die für uns dennoch tatsächlich passiert, wenn wir in ihm sind. Die Energie, die er hat, ist für uns relativ leicht zu besetzen, doch in ihm fühlen wir uns dann sehr beengt. Das ist, als würdest du in einen Kinderwagen gesteckt werden. Das ist zu eng.

Was ist anders in deiner Wahrnehmung, wenn du in ihm bist?

Gute Frage, das ist sehr wichtig. Wenn ich in ihm bin, dann sehe ich die Menschen und ihre Energiekörper. Das ist der Kanal, in dem ich lese, wo die Krankheit begonnen hat.

∞

Wie siehst du die Bilder?

Das ist unterschiedlich. Der eine hat viele Farben, der andere gar nicht so, aber immer ist es eine dunkle Farbe, die die Krankheitsursache kennzeichnet.

Kannst du in die Vergangenheit von Menschen schauen?

Nein.

In die Zukunft?

Ja ...(zögernd). Die Zukunft ist nur die Möglichkeit des Augenblickes, in dem ich die Menschen gerade sehe.

Machst du eigentlich auch Operationen?

Ja, aber am liebsten mache ich die nicht sichtbaren OPs. Das Prinzip ist immer das gleiche, die Energie wird bereinigt und dann wieder in den Körper eingesetzt. Das ist in meinem Fall eine andere Energie als die in dem Fall der anderen, da ich aus einer anderen Ebene wirke, dennoch ist es immer das gleiche Prinzip. Die Qualität der Wesenheiten ist immer genau die richtige für denjenigen, der sie gerade bekommt.

Wie nimmst du die Operationen wahr?

Die OPs sind wie eine Wolke, die aus den Menschen beginnt zu wachsen, ein Licht, das sie beginnen zu entfachen. Es ist mir eine große Freude, das zu sehen.

Gibt es im Bereich der Casa einen Ort, den du sehr gerne magst?

Die Kapelle.

Kann man dich dort antreffen?

Es ist zumindest leichter, mich dort anzurufen, die Energie ist dort sehr angenehm für mich.

Es gibt ein Dreieck zum Beten an der Rückwand des Op-Raumes, das haben sie dir gewidmet. Ist es nicht besser man ruft dich dort an?

Dieses Dreieck ist in Ordnung, doch das Dreieck in der Kapelle ist noch viel kraftvoller, daher bitte kommuniziere den Menschen, dass sie dort ihre Gebete hinterlassen.

Was möchtest du mir denn noch berichten?

Dass die Menschen noch lernen müssen, dass die Liebe der Schlüssel ist in die Glückseligkeit, die sie in all ihren Anstrengungen im Außen versuchen zu finden. Das ist wirklich wichtig. Ich verstehe bis heute nicht, warum die Menschen das Leben so verbringen, dass sie teilweise lieblos sterben.

Was möchtest du den Menschen noch erzählen?

Dass wir immer für die Menschen erreichbar sind, doch wir brauchen die Kraft der Hingabe und der Liebe von ihnen, um wirklich arbeiten zu können. Wenn ein Mensch sich verschließt, ist es auch für uns nicht möglich zu arbeiten. Doch auch das ist Teil des Pro-

zesses der Erfahrung, den die Seele machen möchte und völlig eigenständig, kraft des freien Willens entschieden hat. Die Wandlung kann jeder nur in sich beschließen, nicht wir.

Wie nimmst du Abadiânia als Ort wahr?

Das ist die reinste Energie, die ich kenne im Kosmos auf einem Planeten.

Hast du auch schon auf anderen Planeten gewirkt? Und wie? Sind sie alle so unbewusst wie die Menschen?

Die anderen Wesen sind weiter in ihrer Entwicklung und brauchen nicht so viel Beistand wie die Menschen, doch dennoch auch Beistand.

Kannst du sehen, ob manche von ihnen jetzt noch oder immer wieder auf der Erde sind und uns besuchen?

Ja, manche, sie sind aber intelligent und verstecken ihre Präsenz, das ist wichtig, damit ihr ungestört bleibt. Die Vergangenheit hat viel Unglück über die Menschheit gebracht, wenn andere Intelligenzen hierher kamen. Das wurde in kosmische Gesetze eingebunden, dass derartige Störungen nicht mehr passieren dürfen.

Was für Störungen sind denn passiert?

Die Menschheit war in sich noch sehr unbewusst doch nicht verunreinigt. Das kam erst durch die Impulse der intelligenteren Wesen, die nicht in Harmonie mit eurem Bewusstsein gegeben wurden, daher ist die Welt, die du erlebst, eine Kreation aus den Intelligenzen und eurer Wahrheit. Das ist nicht leicht zu erklären, doch ihr seid in jedem Fall manipuliert.

Aber wie kann das passieren, dass ganze Planeten und ihre Völker manipuliert werden können, also nicht im Sinne der kosmischen Gesetze aus sich selbst wachsen?

Das weiß ich leider auch nicht. Ich war nicht bei diesem Ereignis dabei, doch ich weiß, dass es dabei im Kosmos sehr viel Leid verursacht hat.

Was ist deine Wahrnehmung zu den Religionen auf Mutter Erde in ihrer heutigen Energie?

Eure Religionen sind alle krank in ihrem Wesen. Das ist nicht schön mit anzuschauen, denn im Prinzip sind die Ansätze alle gut gewesen, doch die Machtspiele der obersten Menschen ... die Machtgier von ihnen war der Grund, dass dieses Gedankengut verwandelt wurde und somit Negativität erschuf und weiter erschafft. Das Prinzip, dass die Männlichkeit die Weiblichkeit unterdrückt in diesen Religionen ist eine Tatsache, der ich sehr mit Sorge in die Augen schauen muss, denn ich sehe, wie die weibliche Kraft nicht in sich ruhen kann, was aber ihre Qualität ist, sondern sie muss gegen die männliche Kraft angehen und das ist falsch. Der Krieg der Geschlechter, so nennt ihr es, ist die Resonanz auf die Machtspiele der Mächtigen.

Was kann man da tun?

Das ist eine gute Frage, ich tue hier, was ich kann, doch ich weiß nicht, wie wirksam das ist ...

Ich habe in einem Ritual einmal wahrgenommen, wie Worte richtige Energiewesen waren. Kannst du mir und den Menschen mit deinen Worten erklären, was genau passiert, wenn die Menschen sprechen?

Das ist eine schöne Frage Sylvia, ... die Energie der Worte ist wie eine Energie, die beginnt zu leben. Ihr kreiert dadurch Leben im energetischen Raum. Das ist sehr, sehr wichtig. Die Menschen, die meinen, dass das, was sie sagen, nicht von Bedeutung ist, haben noch nicht verstanden, was sie da tun. Worte sind Wesen und sie bleiben bestehen, bis sie in eine andere Form gewandelt wurden. Das aber geht nur über die Wandlung, und wer nicht weiß, was er wandeln muss und dass er wandeln muss, kann dies nicht tun. Das ist die Hauptursache für die vielen schmerzlichen Pfeile, die ich auch erfahren habe, als ich Mensch war.

Gibt es etwas, das du am Leben vermisst?

Vielleicht die berauschenden Momente, wenn ich mit meiner Liebsten war. Das ist schon sehr schön, diese Art der Wahrnehmung zu erfahren, doch ich möchte nicht besonders dort hinschauen, es ist so schön hier.

Gibt es noch etwas, das du den Menschen, die nach Abadiânia reisen, mitgeben möchtest?

Ja, das tue ich sehr gerne. Die Menschen kommen hierher, um zu heilen, doch viele vergessen dabei, was Heilung bedeutet. Heilung

ist der Ausgleich der Energien, die ihr erzeugt habt, das bedeutet, dass ihr herausfinden müsst, wo die Ursache war, in diesen Prozess einsteigt und dann diese Energie verwandelt. Die Werkzeuge für all diese Schritte sind hier alle gegeben, wir lenken euch in die Reihe, die für euch die nächste ist, dann gehen wir in euch und wandeln die Energien, wenn ihr bereit seid. Das ist es.

Was ist der größte Fehler, den die Menschen hier machen?

Sie ruhen nicht genügend, sie reden dauernd, sie reden andauernd und das kostet viel Energie. Sie regenerieren nicht auf diese Weise. Das Schweigen hält die Energie in sich fest, dadurch kann all die Kraft für die Heilung verwendet werden. Das ist wichtig.
Ich würde dringend dazu raten, schon im Saal in die absolute Stille zu gehen, oder eben in ihr zu bleiben. Das Beten kann jeder auch in Stille, dazu braucht es keine Bühne. Das laute Beten ist auch in Ordnung, doch das Herum um diese Gebete, das viele Reden, das viele Beschreiben ist nicht gut. Es kostet Aufmerksamkeit und lenkt völlig von der Essenz der eigentlichen Hingabe ab, die hier geschehen soll.

Nimmst du die Lichtkugeln auch alle wahr?

Ja, sie sind überall. Die Kugeln sind wie Freunde, wir lieben sie.

Könnt ihr mit ihnen kommunizieren?

Ja, jede Energie ist bewusst, das weißt du doch.

Was macht dich traurig, wenn du Menschen hier in Abadiânia behandelst?

Mich macht traurig, wenn ich erkenne, dass so mancher gar nicht heilen will, und ich mich frage, warum er so weit gereist ist.

Was macht dich freudig?

Das Erblühen der Wolke.

Wenn man als Mensch in seine Kraft kommt, dann erkennt man auch Negativität. Auf der einen Seite möchte man helfen, auf der anderen soll man sich vor derartigen Dingen schützen, wie soll das gehen? Wie sollen wir damit umgehen, dass es hier so vieles auf einmal gibt, dass Positivität und Negativität kreiert werden können und sich beides parallel hier aufhält?

Die Frage ist nicht, wie viele Formen es gibt, die Frage ist, wie man selbst ist. Die Antwort auf deine Frage lautet, wo ein Ja ist, ist ein Ja, wo ein Nein ist ein Nein. Die Energien lügen nie. Die Energien sind Energien, und wer sie lesen kann, der ist geführt von der Harmonie des Kosmos und wird keine Disharmonie erleben oder kreieren.

Und wie kann man das übersetzen für die Geschäftswelt, das berufliche Leben?

Das ist ganz einfach, die Menschen, die ausnutzen, sind keine Freunde, diese Energien sind in Abstand zu betrachten nicht in Hingabe. Die Hingabe aber ist für alle diejenigen, die liebevoll sind und in Liebe handeln. Das ist alles.
Die Lehren der Liebe sind vielfältig, ich möchte sie dich lehren, doch ich brauche dazu viel Zeit. Kontaktiere mich bitte weiter und

wir werden uns dazu weiter austauschen.

Magst du mir eine Lehre schon heute mitgeben?

Die erste Lehre der Liebe ist die Lehre des Vertrauens. Die Liebe ist wie eine Kraft, die das Vertrauen braucht. Die Liebe kann nicht sein ohne Vertrauen. Das ist essentiell.

Also das heißt, wenn man den Menschen kommuniziert, bitte vertraue mehr, dann heißt das auch, bitte liebe mehr?

Ja.

Aber was ist mit den Menschen, die viel Betrug erlebt haben aufgrund des Vertrauens, das sie hatten?

Das ist eine andere Form von Liebe. Ich spreche von der Liebe, die in allem steckt, die Kraft des Seins ist Liebe. Diese Liebe ist nur möglich, wo Vertrauen ist, und ich meine dort das Vertrauen in das Leben!

Was sagen wir denn denen, die Betrug erfahren haben?

Die Menschen, die betrogen wurden, werden ihre Kraft wiederfinden in der Liebe, die ich meine. Die Liebe des Seins.

Ja, aber so mancher sucht diese Liebe nur bei den Menschen ...

Ja, das ist richtig, doch Liebe ist noch vielfältiger als nur die Liebe zu einem Menschen. Das ist eine ganz andere Sache und meist nur

ein Attraktion, keine Liebe wie ich es meine. Liebe zwischen Menschen ist nur selten in der Kraft, wie ich die wahre Liebe des Kosmos bezeichne. Liebe zwischen Menschen ist meist durch das Ego geprägt und kann daher nicht weit und offen sein.

Ich danke dir vielmals für diese tollen Botschaften!

Danke dir.

Jesus

Wir alle kennen die historische Figur Jesus und seine bis heute umgesetzten geistigen Impulse. Ich habe mit der Energie, die die Menschen als Jesus anrufen, schon ab und zu einmal kommunizieren dürfen. Die Gespräche mit dieser Wesenheit haben eine ganz besondere Qualität.

Seine Kraft ist voller Liebe, doch auch mit sehr viel Traurigkeit erfüllt. Immer wenn ich ihn kontaktiere, spüre ich diese Traurigkeit und muss viel weinen. Seine Energie ist sehr erhaben, hochschwingend und umgeben von einer unendlich dicken Schicht an Schutz. Es ist nicht leicht, zu ihm durchzudringen und er ist auch sehr zurückhaltend in seinen Antworten. Noch bevor ich ihn das erste Mal kontaktieren durfte, hatte mich die Weise Bruderschaft darum gebeten, ihn keineswegs über vergangene Leben oder die Übergänge zu befragen, sondern mich bitte ganz auf meine anderen Fragen zu konzentrieren.

Daher habe ich auch hier versucht, mich kurz zu fassen und mich auf das Wesentliche zu beschränken, das ich von ihm hier in diesem Buch weitergeben will.

Interview

Ich bitte um ein Gespräch mit der Energie, die die Menschen als Jesus bezeichnen.

> *Hallo, ich bin bereit.*

Ich habe jetzt verschiedene Wesen kennen gelernt, die alle auch in deinem Namen arbeiten und den Menschen helfen - kannst du sie wahrnehmen?

> *Sehr schwach, ich bin in einer anderen Ebene als sie und ich kann ihre Energie noch nicht sehr klar wahrnehmen, doch das kann sich ändern. Ich muss mich nur auf sie konzentrieren.*

Sagt dir denn Dom Inacio von Loyola was?

> *Ja.*

Was genau ist deine Beziehung zu ihm?

> *Dieses Wesen hat mich besonders in seine Gebete eingeschlossen, das war sehr verbindend. Dadurch begann ich, ihn in meine Führung zu nehmen. Die Kraft dieses Wesens ist mir sehr vertraut, das ist richtig.*

Und hast du ihn in den Energieebenen jemals getroffen?

> *Nein, er ist in einer anderen Ebene und ich möchte dort nicht hin,*

weil es niedriger schwingt und ich brauche diese hohe Energie hier, wo ich bin.

Aber du weißt, dass er auch wie du auf der Erde gewirkt hat und vieles in deinem Namen auf die Erde gebracht hat.

Ja.

Ich bin gerade an einem Ort, der Abadiânia heißt, dort hat Dom Inacio eine Institution erschaffen mit Hilfe von einem Menschen, der den Menschen hilft - wusstest du davon?

Ja, die Idee eine solche Institution zu erschaffen kam von mir.

Das heißt, Dom Inacio hat den Impuls von dir bekommen?

Ja.

Wusstest du von dem Ort selbst schon?

Ja, das wusste ich, da ich die Energien der Erdoberfläche wahrnehmen kann von hier aus, doch ich wusste nicht, wie er es mit seiner Qualität letztlich umsetzt.

Er hat zusammen mit König Salomon einen Weg gefunden, in einen Menschen zu inkorporieren, um so zu helfen, wusstest du das?

Ja.

Und das hast du alles beobachtet?

Ja, die Beobachtung, diese Impulse umzusetzen, ist etwas anderes als immer in der vollen Aufmerksamkeit da zu sein.

Lieber Jesus, möchtest du den Menschen hier auch eine Botschaft hinterlassen?

Die Botschaft, die ich für die Menschen hätte, wäre, dass ich immer an sie denke. Die Erfahrung, die ich in meinem Leben machen durfte, war sehr schmerzhaft, doch wenn ein Mensch die Liebe in seine Seele geholt hat, dann war ich wieder glücklich. Und so sollen die Menschen leben. Wenn nur ein Tag in Liebe gelebt war, so haben sie gelebt. Wenn nur ein Moment ein Lächeln zauberte, dann war er nicht verloren. Die Liebe muss besonders aufmerksam gepflegt werden. Sie ist wie eine Blume, denn wenn die Knospen blühen, dann welkt sie und danach muss sie wieder blühen, das ist ein Stirb und Werde auch in dieser Kraft, daher kommt die Leidensenergie von Lieblosigkeit, oder besser Liebesschwäche.
Es ist die Aufmerksamkeit, die die Richtung bestimmt, nicht die Unaufmerksamkeit!

Aber im Kosmos vergeht die Liebe nie ...

Das ist richtig, aber in der Wahrnehmung der Menschen muss sie gepflegt werden.

Und das ist der Grund, warum du Gebete und all dies auf die Welt gebracht hast, richtig?

Ja.

Aus welcher Ebene sprichst du zu mir?

Aus der sechsten Ebene, doch ich befinde mich in einem besonderen Bereich.

Möchtest du heute den Menschen noch etwas übermitteln?

Nein.

Dann werde ich den Menschen diese Nachricht überbringen, ich danke dir vielmals.

Das ist schön, ich danke dir.

Bezerra de Menezes

Sein vollständiger Name ist Adolfo Bezerra de Menezes Cavalcanti. Er wurde am 29. August 1831 im alten Freguesia do Riacho do Sangue, heute Jaguaretama im Staat Ceará geboren. Er war Mönch, Lehrer, Arzt, Militärangehöriger, Politiker, Unternehmer und Schriftsteller.

Sein Vater, obwohl sehr wohlhabend, hinterließ sein Vermögen hilfsbedürftigen Menschen. Dem Sohn gab er als Erbe Ehrbarkeit und einen integeren Charakter mit. Das Resultat war, dass Bezerra de Menezes Zeiten der materiellen Entbehrungen durchlebte und immer bereit war, das, was er besaß, Bedürftigen zu geben. Er war getaufter Katholik, konvertierte jedoch zum Spiritismus, nachdem er „Das Buch der Geister" von Allan Kardec gelesen hatte.

Erwähnenswert ist eine Begebenheit während seines Medizinstudiums, als er ernsthafte finanzielle Schwierigkeiten hatte und dringend 50 000 Röis (brasilianische Währung jener Zeit) brauchte, um verschiedene Schulden zu begleichen, inklusive seiner Miete, da ihm eine Zwangsräumung drohte. Verzweifelt wandte er sich an Gott. Wenige Tage darauf klopfte ein sympathischer und gebildeter junger Mann an seine Tür und gab vor, Mathematikstunden nehmen zu wollen. Bezerra hasste dieses Fach, doch aufgrund seiner verzweifelten finanziellen Lage und der Beharrlichkeit des Besuchers nahm er widerwillig eine Vorauszahlung für alle Stunden im Wert von 50 000 Röis an. Er bezahlte alle Schulden und studierte viel, bereitete sich auf die Stunden vor. Doch der Kerl tauchte nie wieder auf. Jahre später wurde er in einer spiritistischen Sitzung aufgefordert, sich mehr den der spirituellen Hilfe Bedürftigen zu widmen. Er argumentierte dagegen, dass er arbeiten müsse und dass er nicht vom

Spiritismus leben könne. In diesem Moment manifestierte sich der Geist des Heiligen Augustinus und sagte: „Wir werden dir helfen, indem wir dir neue Mathematikschüler schicken, wenn du sie brauchst."

Markant ist seine Aussage:

„Ein Arzt hat weder das Recht, eine Mahlzeit zu beenden, noch zu fragen, ob es weit oder nah ist, wenn irgendein Betrübter an seine Tür klopft. Derjenige, welcher sich nicht beeilt, da er Besuch hat, viel Arbeit hat, sich zu müde fühlt oder es spät nachts ist, Wetter oder Weg schlecht sind, es zu weit entfernt ist oder auf dem Hügel, oder der vor allem jemanden um ein Auto bittet, der noch nicht einmal das Rezept bezahlen kann, oder jemandem, der an der Tür weint, sagt, er solle jemand anders aufsuchen, jener ist kein Arzt, sondern ein Geschäftsmann der Medizin."

Aufgrund seiner Aufopferung und seines wohltätigen Geistes wurde er „der Arzt der Armen" genannt. Er war viele Jahre lang Präsident der Spiritistischen Vereinigung Brasiliens (Federação Espírita Brasileira). Für alles, was er war und getan hat, verdient er den Beinamen „Brasilianischer Kardec". Er starb am 11. April 1900.

Quelle: Spirituelle Heilung, Ismar E. Garcia

Interview

Ich rufe die Energie, die von den Menschen unter dem Namen Bezerra de Menezes angerufen wurde. Lieber Bezerra, ich wollte auch dich kontaktieren, da du auch in Verbindung stehst mit den Kraftwesen, die in Abadiânia wirken.

Das ist richtig.

Kannst du mir ein wenig erzählen, wer du bist und woher du kommst?

Das ist nicht nötig.

Könntest du dennoch versuchen, mir zu erzählen, aus welcher Intention heraus du das tust, was du tust und wie du wirkst? Kannst du mir nicht ein wenig zu deinem Leben erzählen?

Ja.

Ich möchte gerne wissen, was waren die wundervollsten Momente in deinem letzten Leben?

Ich war sehr reich als junger Mann, da mein Vater viel Reichtum mit sich trug, aber ich bekam es nicht in meine Hände, als er starb, sondern begann ein neues Leben. Die Menschen brauchten Hilfe und ich habe versucht, auf meine Art und Weise dies zu tun, doch ich war zu sehr mit der Materie verhaftet.

Was ist geschehen, dass sich das änderte?

Das ist überliefert.

Du meinst die Geschichte mit dem Mathematikstudenten?

Nein, die Geschichte, die überliefert ist, wie mir die Meister erschienen sind.

Möchtest du mir dazu nicht ein bisschen mehr erzählen?

Das ist nebensächlich. Ich war damals in einer Verfassung, in der ich sehr verzweifelt war, und ich wollte und musste mich entscheiden, was nun aus meinem Leben wird. Da spürte ich die Präsenz von einer Wesenheit, die ich dann auch sah.

Und wie sahst du sie?

Die Energie dieses Wesens war sehr hell und ich nahm sie warm wahr. Das war sehr schön und dieser Moment war für mich der Schönste in dieser Zeit.

Und gab es danach noch andere schöne Momente?

Ja, dann begann ich den Weg der Heilung der Menschen und meiner Seele. Das hängt miteinander zusammen. Wir alle heilen immer auch, während wir andere heilen.

Was hat dich da am meisten erfreut?

Dass ich manchen Menschen wirklich helfen konnte, weil ich ihnen viele Botschaften übermitteln konnte und viele Impulse, die letztlich halfen. Doch ich habe natürlich auch die Schattenseite dieser Arbeit erfahren und nicht immer nur Dank dafür erfahren. Das ist in Ordnung, ich bin darüber hinweg.

Möchtest du mir erzählen, wie dein Übergang war in die andere Welt?

Ja gerne. Die Energie, die ich wurde, wurde die neue Form. Das begann, indem ich das Körperkleid auszog und neue Dinge wahrnahm. Dabei veränderte sich meine Einstellung und ich wurde immer heller. Ich flog über die Wolken und über die Bäume, ich war glücklich in diesem Gefühl, das war schön. Dann kam ich auf die Ebene der Lichtkugeln und die brachten mich dann in die Ebene der Meister. Dort weile ich nun.

Also hältst du dich auf der dritten Ebene auf?

Ja genau.

Du hast durch Chico gesprochen und konntest dadurch Joao überbringen, wohin er gehen soll in seinem Wirken, ist das richtig?

Ja.

Woher hattest du diese Informationen?

Ich hatte die Information aus dieser Wahrnehmung in der Zwischenwelt. Dort habe ich die Energie der Erde gesehen. Die war an diesem Ort sehr hell und klar, das habe ich mir gemerkt und dann noch, wie er dort arbeiten könnte.

Wie genau ging das vonstatten?

Die Energetik des Ortes habe ich gesehen und auch die Verbindung in die Welt der Lichtkugeln, das war für mich wie ein Kanal wahrzunehmen. Da ich bei den Lichtkugeln angekommen war, wusste ich, es ist etwas Gutes und wollte deshalb dort in dieser Energie, dass Joao dort arbeiten kann. Das war richtig, denke ich.

Ja, das hast du genau richtig gemacht. Danke dir vielmals dafür. Hattest du eigentlich Angst damals im Zustand des Übergangs?

Nein ... die Angst ist keine Kraft, die wir kennen ohne Körper und Ego.

Wie wirkst du jetzt, als Meister?

Das ist leicht zu sagen, ich bin. Ich bin einfach nur da und wenn ich gerufen werde, dann bin ich auch da.

Das heißt, du wirkst als Meister.

Ja genau.

Hast du dir das mal denken können, dass du einmal als Meister im Kosmos wirken wirst?

(Schmunzelt) Sehr lustige Frage, die Energie ist die Energie, wir können daran Verwandlungen vollziehen, doch im Prinzip ist das Potenzial vorher angelegt. Ich war immer schon eine Meisterenergie.

∞

Gibt es ein Spezialgebiet, für das man dich anrufen kann?

Ich kann Informationen besorgen, die noch zu ganz anderen Themen wirken. Das kommt auf die Frage drauf an.

Und hast du darin ein Spezialgebiet, wo du am besten die Informationen bekommst und weiterleiten kannst?

Die Seele in Bereichen der Wahrnehmung des Mangels.

Wie sieht so was aus?

Die Seele, die Mangel empfindet, ist nicht verbunden in der wirklichen Kraft. Das erschafft in ihr das Gefühl der Einsamkeit und des Verlustes, daher ist es leicht, ihnen zu helfen. Wir schicken ihnen Kraft, wenn sie darum bitten.

Wer ist denn wir?

Die anderen Meister.

Kannst du sehen, wie Joao und die Wesenheiten wirken?

Ich sehe, was in Abadiânia passiert, doch ich kann die Wesenheiten nicht sehen, die sind in einer anderen Ebene (Anm. d. Autorin: vierte Ebene).
Die Lichtkugeln kommen wirklich gut voran, doch ich sehe auch, dass sie sehr oft umsonst arbeiten. Das kann man zwar so pauschal nicht sagen, dennoch denke ich, du verstehst, was ich meine.

∞

Ja, das verstehe ich. Möchtest du mir noch eine Botschaft für die Menschen hinterlassen?

Die Energie dieses Ortes ist einmalig in der ganzen Welt. Ich bitte die Menschen darum, dies zu verinnerlichen und nicht mit sinnlosen direkten Gesprächen untereinander zu vergeuden. Die Kraft ist so wichtig, um zu heilen, daher hilft es, dass die Menschen in Stille gehen und bleiben. Das ist die Essenz des Heilungsprozesses.

Und magst du auch denen eine Botschaft hinterlassen, die es nicht schaffen, sich zu heilen?

Das ist nicht meine Arbeit.

Magst du eigentlich einmal wieder auf der Erde inkarnieren?

Nein, es ist mir zuwider. Diese Art des Seins.

Möchtest du noch etwas weitergeben?

Sehr wenige würden es verstehen. Ich kann es dennoch gerne versuchen.

Bitte beginne doch damit.

Die Kraft einer Seele ist nicht wie ein Perpetuum mobile. Wir können diese Kraft zwar weiter wandeln, doch die eigentliche Quelle ist die Quelle, und die Seelen haben die Aufgabe, die Verbindung dorthin zu erkennen, zu finden, zu stärken und zu halten. Das ist alles ausschließlich in der Verantwortung eines jeden Menschen selbst. Das ist der Kern meiner Botschaft. Mehr brauche ich nicht sagen. Das ist die Essenz.

Du wirkst sehr bestimmt, ernst, hat das einen Grund?

Das wusste ich nicht, es ist meine Art so zu sein ...

Ich habe gelesen, du hast um die Jahrhundertwende gelebt (18./19.Jhd.) - war es vielleicht damals so eure Art, miteinander zu kommunizieren?

Ich weiß nicht, was du meinst, ja, wir haben so kommuniziert.

Nein, keine Sorge, ich wollte es nicht bewerten, ich wollte es nur zuordnen können, da jede Wesenheit eben nun mal auch eine individuelle Art der Kommunikation hat, und im Vergleich zu anderen wirkst du eben eher so förmlich und kurz angebunden.
Ich danke dir vielmals für deine Hingabe und deine Informationen. Ich wünsche dir einen schönen Moment ...

Das hast du schön gesagt, denn hier ist tatsächlich alles nur im Moment, doch ich weiß, was du meinst. Ich danke Dir auch.

Schwester Sheila

Schwester Sheila ist in Deutschland geboren worden und war von Beruf Krankenschwester. Während des Zweiten Weltkrieges kümmerte sie sich besonders um die Rettung von Kriegsopfern. Sie starb im Juli oder August 1943 bei heftigen Luftangriffen.

Außerdem ist aufgezeichnet, dass sie in einer früheren Existenz unter dem Namen Jeanne-Françoise Fremiot in Frankreich gelebt hat, wo sie am 28. Januar 1572 geboren worden und am 13. Dezember 1641 in Dijon verstorben ist. Während ihrer französischen Existenz widmete sie sich intensiv der sozialen Hilfe und wurde im Jahr 1767 zur Heiligen Jeanne de Chantal heilig gesprochen.

Die Arbeit des Geistwesens Schwester Sheila besteht in der Behandlung von kranken Menschen. Ihre Anwesenheit wird durch einen bestimmten Duft in der Umgebung wahrgenommen.

Quelle: Spirituelle Heilung, Ismar E. Garcia

Interview

Liebe Wesenheit, die von den Menschen als Schwester Sheila bezeichnet wird. Ich hoffe ich spreche es richtig aus.

Es ist richtig ausgesprochen. Du hast es richtig gesagt.

Ich freue mich dich kennen zu lernen.

Ich mich auch.

Schwester Sheila, du bist eine sehr zarte und ganz langsame Energie. Ich möchte dich nun etwas besser kennen lernen.

Gerne.

Ich möchte von dir erfahren, welches Leben du uns nahe bringen möchtest.

Das ist wahrlich eine schöne Idee. Ich wähle das Leben in Frankreich, da ich danach nur Leid erlebt habe im Krieg. Das ist nicht erwähnenswert

Dann bitte erzähle, wie war dein Leben in Frankreich?

Ich bin als Kind damals sehr wohlbehütet aufgewachsen. Die Liebe meiner Eltern war sehr groß und ich fand mich immer beschützt, doch eines Tages verlor ich beide Eltern durch eine Krankheit. Das war leider sehr traurig. Ich wusste nicht, was ich tun sollte und

begab mich in das Kloster, das in meiner Nähe war. Dort wuchs ich auf und konnte so den Schutz wiederfinden, den ich verloren hatte. Gleichzeitig lernte ich viel über die Heilkunst und konnte dadurch viel Leid lindern, wenn ich als Ärztin arbeitete. Das war Nonnenwissen, dass ich hatte, doch ich liebte die Menschen und lebte die Bereitschaft zu helfen immer gerne.

Wie ging es dann weiter?

Dann wurde ich zu einer Kollegin geschickt, die mir noch weiteres Wissen vermitteln wollte. Dort konnte ich noch tiefer in die Wissenschaften der Seele eintauchen und dieses Wissen bis heute nutzen.

Kinder hattest du keine?

Nein.

Verheiratet?

Nein, die Liebe zu Gott war meine Liebe.

Gab es schöne Momente in deinem Leben?

Da waren einige, die Heilungen, die wir taten, waren immer sehr beglückend. Das ist das Gefühl, das ich bis heute noch kenne.

Und was hat dich traurig gemacht?

Die Menschen, die nicht zuhören wollten, das war mir schleierhaft, dass Menschen einerseits fragen und andererseits nicht zuhören, um die Antwort zu bekommen. Das musste ich lernen zu akzeptieren. Das ist nun mal Menschenart.

Und dann bist Du im Kloster gestorben.

Ja, das bin ich, doch ich war nicht allein. Die vielen Schwestern waren bei mir.

Möchtest du mir berichten von deinem Übergang?

Sehr gerne. Ich war in dem Raum, der mein Zimmer war, und begann die Ablösung von meinem Körper zu spüren, in dem er immer kälter wurde. Das war in einer gewissen Weise etwas gruselig, weil ich die Wärme so mochte, doch ich war bei Sinnen und gleichzeitig wurde ich immer kälter nach meinem Empfinden.
Dann begann ich meine Wahrnehmung noch weiter zu verändern. Ich begab mich in einen anderen Zustand. Dort nahm ich die Schwestern um mich herum wahr, doch in einer anderen Art. Ich sah ihre Energien, die um mich waren, nicht aber ihre Gesichter. Dann bin ich auf eine andere Ebene gekommen. Dort war ich wieder mit anderen zusammen. Dort war es hell und ich mochte es sehr dort. Dann begann sich meine Energie wieder zu bewegen in eine noch höhere Ebene hinein. Ich befand mich plötzlich in einer Welt voller Energielichtern. Das waren die Lichtkugeln, die ich sah.

Hattest du den Gedanken, dass diese Kugeln eventuell Engel sein könnten?

Nein, das ist das Verrückte. Ich habe mein Leben lang besonders die Engel angebetet und als ich dann bei ihnen war, hab ich sie nicht erkannt. (Sie lacht.)

Und wie ging es dann weiter?

Dann ging es in die nächste Ebene, die Ebene der Meister. Dort war ich dann mit vielen anderen Wesen in Kontakt und wir haben uns ausgetauscht. Diese Ebene ist bis heute mein Ort, wie ihr sagen würdet, auch „heute" ist als Bezeichnung nicht richtig, aber ich denke, du verstehst mich richtig.

Ja. Also bist du auf der dritten Ebene, der Ebene der Meister.

Ja.

Und dennoch kommst du immer wieder einmal nach Abadiânia, um hier zu wirken. Wie kam es denn dazu?

Das ist eine lustige Geschichte. Ich war in dieser Ebene der Meister und sah, wie eine Energie von einem Wesen, das ihr Dom Inacio nennt, zu den Menschen floss. Das musst du dir vorstellen wie eine Leitung, ein Kanal, den ich wahrnahm, der seinen Ursprung in einer anderen Ebene hatte, dennoch aber durch unsere Ebene hindurchwirkt. Das beobachtete ich aufmerksam und es machte mich interessiert. Dann wollte ich mit ihm darüber reden, doch er war über mir und ich konnte nicht dorthin, daher wusste ich nicht, was ich tun sollte. Dann begann Dom Inacio mein Rufen zu hören und begab sich zu mir, und dann erklärte er mir, was er da genau tut. Das war sehr interessant und ich wollte es auch. Dann erklärte er mir, wie ich das tun kann und folgte ihm. Ich bin nicht wirklich im Stande, in den Körper von Joao zu gehen, doch ich bin gerne mit dem Ort verbunden und wirke dadurch mit.

Ach so, also bist du bei den Operationen beteiligt, indem du Energie gibst?

Ja.

Warst du schon mal in Joao inkorporiert?

... es war ein Versuch ... die Energie, die er hat, ist eher für männliche Kraft besser. Auch wenn wir nicht geschlechtlich sind, ist es dennoch besser, dass du die Qualitäten unterscheidest. Das ist das, was ich sagen will ... es ist nicht wirklich die Geschlechtlichkeit, aber es gibt dafür keine anderen Worte in eurer Welt. Die Seelen haben Prägungen aus ihren letzten Leben und meine Prägung ist weiblich und weich. Das macht meine Kraft nun auch eher weiblich und weich. Das verursacht, dass es mir nicht so leicht fällt, in ihn einzudringen, wie es eigentlich die stoßende Kraft der männlichen Menschenkraft gewohnt ist. Diese Erfahrung haben eher die Wesenheiten, die das letzte Leben oder noch andere als Mannkraft erlebten.
(Anm. d. Autorin: Sheila erzählt mir das mit einem leichten Schmunzeln.)

Also nun bist du geschlechtslos?

Ja natürlich.

Wie nimmst du denn deine Ebene jetzt wahr?

Die Ebene ist weit und schön. Die Landschaft ist reich an Blumen und friedlichen Umgebungen. Das macht es sehr angenehm hier.

∞

Magst du noch einmal auf die Erde kommen?

Nein, dieses Leiden und der Schmerz, diese friedlose Art der Menschen ist mir zu viel, ich habe das letzte Leben nur getan, weil ich doch eigentlich helfen will. Ich habe hier nun die richtige Form für mich gefunden.

Gibt es etwas, das dich sehr glücklich macht in deinem Wirken jetzt?

Die Menschen zu beobachten, wenn sie wirklich heilen, das ist wirklich wunderbar.

Und was macht dich sehr traurig?

Die Menschen, wenn sie nicht heilen wollen, das ist mir unerklärlich. Die Menschen sind verwirrt.

Machst du visuelle OPs?

Nein. Ich wirke gerne bei den energetischen OPs mit, ich bin eher begleitend dabei.

Nimmst du die ganzen Lichtkugeln hier wahr?

Ja natürlich.

Und hast du nun verstanden, dass diese Kugeln die angeblichen Engel sind, in der Bezeichnung der Menschen?

Es war mir nicht bewusst, dass diese Kugeln die Engel sein sollen, doch ich weiß jetzt, warum das so in eurer Welt kommuniziert wird. Die Kugeln fliegen schnell und sind sehr weich und liebevoll, das ist die gleiche Kraft, die man Engeln zuschreibt.

Liebe Sheila, wenn du magst, kannst du mir eine Botschaft durchgeben und ich schreibe sie dabei auf.

Oh, das tue ich sehr gerne. Du sagst ihnen bitte, dass wir immer bei ihnen sind. Die Trennung, die die Menschen empfinden, ist keine Trennung, es ist nur eine gestörte Wahrnehmung. Wir alle sind miteinander verbunden, auch wenn ihr in Körpern seid, die das weniger empfinden, doch es ist eine Wahrheit.

Gibt es einen Lieblingsort für dich in der Casa?

Die Kapelle. Dort sind sehr viele Lichtkugeln und ich mag die Kraft des Ortes dort. Es sind wenige Menschen dort und es ist ruhig.

Wie nimmst du Abadiânia wahr?

Dieser Ort ist magisch.

Eine Frage habe ich noch zum Thema Kirche, aus der Perspektive, von der du jetzt wahrnimmst. Als Dienerin der Kirche, was sagst du dazu?

Dazu möchte ich nichts sagen, es ist mir unangenehm. Diese Kirche, wie ihr sie lebt, ist nicht das, was ich erlernt habe und gelebt habe. Die Macht der Mächtigen in der Kirche ist die Verschmutzung dieser Botschaften.

Nun, sie sind sehr bemüht, das wieder zu bereinigen?

Das werden sie nur schaffen, wenn sie die Machtspiele abstellen und die weibliche Kraft nicht länger unterdrücken, im Sinne von nicht gleichwertig einsetzen für ihre Botschaften.
Mehr möchte ich dazu nicht sagen.

Darf ich dich zu anderen Religionen befragen?

Dort ist es ähnlich. Immer sind es derartig große Formen, doch die Machtspiele sind bei allen das Problem. Dort, wo mit Macht die Menschen manipuliert werden, dort ist die Botschaft verunreinigt und die Intention verloschen.

Was wäre denn die richtige Form der Religion, was würdest du ändern?

Ich würde Liebe als einzige Botschaft in die Menschheit bringen.
Die Art ist egal, doch es muss liebevoll sein.

Möchtest du den Menschen noch etwas mit auf den Weg geben?

Nein.

Dann bedanke ich mich für dein zartes Wesen und für die tollen Informationen, deine Freude und dein Lächeln.

Ich danke dir auch, bis bald.

∞

Euripides Barsanulfo

Euripides Barsanulfo wurde am 1. Mai 1880 in Sacramento, Minas Gerais, Brasilien geboren. Er verfügte über eine herausragende Intelligenz, was dazu führte, dass er von Jugend an Ausbilder war, da er bereits von seinem Lehrer beauftragt wurde, seine eigenen Klassenkameraden zu unterrichten.

Aufgrund seiner unbestreitbaren Führungsgabe übernahm er später die Aufgabe des Sekretärs der Schwesternschaft von Sankt Vincente de Paula. Als Autodidakt war er nicht nur als Lehrer in verschiedenen Fächern tätig, sondern auch als Journalist und Politiker.

Durch einen Onkel erfuhr er von den Werken des Allan Kardec. Er las intensiv über die neue Doktrin, weitete seine Kenntnisse aus und konvertierte zum Spiritismus.

Damit setzte er sich dem Unverständnis von Familienmitgliedern und Freunden aus, worunter er litt. Kühn bezog er den Spiritismus mit in die Fächer des Kollegiums ein, was ihm eine starke Opposition und den Weggang von Schülern einbrachte, die von ihren Eltern von der Schule genommen wurden.

Von Unverständnis und Verfolgungen traumatisiert, zog er sich von seinen Tätigkeiten zurück und suchte Heilung und Erholung. Bei dieser Gelegenheit erwachten in ihm verschiedene mediale Fähigkeiten, besonders die der Heilung.

Seine eigene Mutter war eine der Ersten von einer Heilung durch ihn begünstigten Menschen. Die Stadt Sacramento wurde zu einem Pilgerort für Menschen, die irgendeine Art Linderung für ihre physischen und psychischen Leiden suchten.

Euripides Barsanulfo behandelte alle mit Freude und Hingabe.

Seine Tätigkeiten im spirituellen Bereich wurden immer mehr und er spürte die Notwendigkeit, die neue Doktrin zu verbreiten und die Zahl der Anhänger zu erhöhen. Mit der Unterstützung einiger Familienmitglieder und Freunde gründete er das Grupo Espírita Esperança e Caridade (Spiritistisches Zentrum der Hoffnung und Wohltätigkeit), was zu noch mehr doktrinärer und unterstützender Arbeit führte.
Er war körperlich schwächlich, jedoch sympathisch und es fehlte nicht an Bewerberinnen für eine Ehe. Diesbezüglich erklärte er, dass er nicht heiraten könne, da er schon mit der „Armut" verheiratet sei.

Im Jahr 1907 gründete er das Kollegium Allan Kardec, welches zunächst in der Region und dann in ganz Brasilien zu der Referenz eines Hauses der Lehre wurde.
Die Nachfrage war so groß, dass die angebotenen Plätze am ersten Einschreibungstag belegt waren. Aufgrund der Epidemie der Spanischen Grippe war das Kollegium gezwungen, seine Türen für einige Zeit zu schließen.

Eines Tages fiel Euripides Barsanulfo im Klassenzimmer in „Trance". Als er wieder zu sich kam, berichtete er Einzelheiten von der Versammlung, die gleich nach Ende des Ersten Weltkrieges im Schloss von Versailles in Frankreich stattfinden würde und nannte die Namen der Teilnehmer und die Uhrzeit.

Er kümmerte sich nicht um die Konfrontation mit der offiziellen Religionslehre, doch demütig nahm er die Herausforderung der öffentlichen Debatte mit einem Vertreter der Katholischen Kirche an. Sein Handeln war unter jedem Gesichtspunkt gesehen brillant, er predigte die Liebe, den Frieden, die Toleranz und die Wohltätigkeit. Am Ende erhöhte dies sein soziales Konzept noch mehr. Dasselbe geschah, als das gegen ihn eingeleitete Gerichtsverfahren eingestellt wurde.

Er setzte all seine Energien ein, um den Opfern der Spanischen Grippe und deren oft armen Familienangehörigen zu helfen.

Am 1. November 1918 starb er, von den Bemühungen erschöpft, im Kreise seiner Verwandten, Freunde und Bewunderer.

Quelle: Spirituelle Heilung, Ismar E. Garcia

Interview

Ich rufe die Wesenheit, die von den Menschen als Euripides Barsanulfo wahrgenommen wurde.

Lieber Euripides, ich freue mich, dass ich dich sprechen kann, wie geht es dir?

Ich bin sehr schwach gewesen, aber jetzt geht es mir sehr gut.

Aus welcher Ebene sprichst du denn zu mir?

Aus der vierten.

Ich möchte dich gerne kennen lernen, dein Wesen, dein Wirken. Ich habe gehört, dass auch du ab und zu in Joao inkorporierst. Ich habe auch gelesen, wie vielseitig begabt du warst. Lass uns mal in deinem Leben beginnen, wie hast du diese Zeit erlebt, in all diesen Funktionen?

Das war mir alles etwas zu banal. Die Menschen brauchten die Führung. Das übergaben sie mir, ohne dass sie mich wirklich fragten.

Gab es denn einen besonderen Moment, an den du dich erinnerst?

Die Begegnung mit einem Freund der spiritistischen Lehren.

Was hat dich daran am meisten fasziniert?

Die Weite.

Wie hattest du bis dahin wahrgenommen?

Die Menschen waren für mich eine rätselhafte Wesensart, denn ich beschützte ihre Wahrnehmungen, doch in manchen Fällen verletzten sie mich dafür.

Wie ging es dann weiter, nachdem du diesen Menschen getroffen hattest?

Die Lehren des Spiritismus beanspruchten viel Aufmerksamkeit und ich meditierte viel, aber ich arbeitete dennoch auch als Lehrer weiter.

Wie war das Lehren und gleichzeitige Studieren miteinander zu vereinen?

Das war sehr verbindend. Die Lehren der Menschen habe ich mit den Lehren des Spiritismus verbunden. Das war mir eine große Freude, ich konnte auf diese Weise Weite in die Enge bringen.

Aber ich habe gehört, dass sich daraufhin auch Schüler von dir abwandten?

Das war keine wirkliche Bedrohung, denn diese kamen bald wieder, als diese Kinder ihre eigenen Entscheidungen treffen durften.

Wie ging es dann weiter?

Die Lehren brachten mir noch viel mehr. Eines Tages erwachte ich und eine besondere Art der Energie floss in mir. Es war wie eine Verbindung in eine Ebene, die ich vorher nicht kannte. Diese Energie floss durch meine Hände.

Woran hast du das gemerkt?

Das merkte ich daran, dass die Hände sehr heiß wurden. Sie waren dann immer heiß, doch ich hatte Momente, wo ich abgelenkt war, dann spürte ich diese Kraft weniger.

Und wie ging es dann weiter?

Damit konnte ich meiner Mutter viele Blockaden lösen. Das war ihre Heilung.

Und dann?

Das verbreitete sich im Land und diese Gabe war der Grund, warum immer mehr Menschen zu mir kamen. Ich begann dies auszubauen und dann verabschiedete ich mich von der Arbeit als Lehrer und heilte nur noch.

Wie hattest du die Menschen zu dieser Zeit wahrgenommen?

Die Menschen brauchten Hilfe, ich wollte ihnen helfen.

Wie ging es dann weiter?

Dann kam die Spanische Grippe und ich musste Vieles heilen. Die Menschen brauchten Kraft und ich hatte viel Kraft, daher versuchte ich es ihnen weiterzugeben.
Die Spanische Grippe brauchte all meine Aufmerksamkeit und ich verlor dabei viel Kraft. Das war nicht gut. Deshalb musste ich die Energie in mir erlöschen lassen, bis ich nicht mehr lebensfähig war.

Aber dann hast du so viel gegeben, um am Ende nichts mehr übrig zu haben, ist das sinnvoll?

Das ist nicht die Frage gewesen, meine Aufgabe war es, diese Energie den Menschen zu geben, nicht wie lange und wo.

Bist du zufrieden mit deiner Tat?

Ja.

Wie hast du wahrnehmen können, ob es den Menschen hilft?

Die Menschen, denen ich die Kraft gab, wurden mehr und mehr verbunden und diese Verbindung war der Grund, warum sie heilten, denn die Energie floss wieder und in ihnen begannen die Heilungsprozesse

Dann bist du sehr jung gestorben.

Ja.

Bist du traurig darüber?

∞

Nein, die Arbeit ist getan.

War es die Aufgabe deiner Seele zu kommen, um in der Zeit dieser Grippe zu wirken?

Nein, die Aufgabe meiner Seele war es, Wissen weiterzugeben und die Verbindungen herzustellen.

Als du dann gestorben warst, warst du dann glücklich?

Ja.

Magst du mir von deinem Übergang berichten?

Ja, das Erste, was ich wahrnahm, war die Verbindung, die ich in die anderen Ebenen hatte. Das ist wie eine Leiter gewesen, die sich mir zeigte. Dann begann ich die Reise durch die Zeit. Ich sah die Menschen, wie sie die Energie in sich wieder verloren haben und dabei in diese Kriege zogen. Das war sehr traurig. Dann bin ich in die Ebene der Verstorbenen gekommen. Dort war es hell und ich fühlte mich wohl, doch ich wusste, es ist nicht meine Heimat. Dann bin ich weiter in die nächste Ebene gekommen, durch eine Bewegung in der Herzgegend. Dann war ich bei den Engeln. Ich nahm sie als lichtvolle Wesen wahr, die ich noch bis heute eher als Lichtkugeln bezeichnen würde, doch das ist nebensächlich. Dann bin ich dort etwas berauscht gewesen und blieb dort eine Weile.

Was hast du da getan?

Ich war einfach nur dort und beobachtete.

Und dann?

Dann wurde es mir langweilig und ich wollte weiterziehen, deshalb bin ich in die nächste Ebene, die Ebene der Meister. Dort waren viele Freunde von mir, die ich aus anderen Leben kannte. Diese Energien warteten schon auf mich und ich war sehr erfreut, sie wiederzusehen. Dort tauschten wir uns aus und lebten in Freude miteinander. Dann wusste ich eines Momentes, dass ich weiterziehen will, denn meine Aufgabe in diesen Ebenen war noch eine andere als nur das Sein. Deshalb begab ich mich noch weiter in die nächste Ebene. Dort traf ich dann die anderen Meister und verbündete mich mit ihnen. Diese Energien waren noch etwas höherschwingender und reiner als die anderen. Das mochte ich sehr. Dann sah ich, wie Dom Inacio dort diese Leiter in die andere Ebene betreut und ich wollte mit dabei sein. Deshalb bin ich dort hin und habe es beobachtet und schon bald bin auch ich einmal in die absteigende Funktion, die die Wesenheiten übernehmen, gegangen.

Und dann bist du in Joao inkorporiert?

Ja.

Wie war das für dich?

Die Kraft, die er hat, ist einzigartig. Er ist weich und doch kraftvoll. Das ist interessant zu beobachten. Dennoch wollte ich wissen, wie es ist, in ihm zu sein, deshalb begab ich mich in seinen Körper. Das war sehr eng.

Wie hast du die Menschen durch Joao wahrgenommen?

Diese Wahrnehmung war neu für mich, denn plötzlich sah ich, dass sie eine Energie in sich trugen, die ich lesen konnte. Das ist wie ein Buch betrachten, das vorher leer wahr und plötzlich siehst du die Buchstaben. Das ist eine sehr interessante Erfahrung.

Die einen Menschen sind sehr rein und brauchen nur Kraft, die anderen sind sehr verunreinigt und müssen bereinigt werden. Wieder andere sind liebeshungrig und brauchen Aufmerksamkeit, die wir ihnen geben können, doch ich weiß, dass wir ihnen nicht helfen können.

Und dann?

Dann begann ich meine Arbeit dort und ich habe sehr viel Freude dabei.

Macht du auch OPs im sichtbaren Bereich?

Nein.

Bist du selten in Joao, oder warum höre ich mehr von anderen Wesenheiten, dass diese inkorporieren?

Ich wirke lieber von der anderen Ebene aus, da mir der Körper von Joao etwas zu eng ist. Ich mag dieses Gefühl nicht, deshalb bleibe ich lieber in der anderen Ebene und betreue die unsichtbaren OPs mit.

Gibt es etwas, das dich sehr traurig macht, wenn du diese OPs durchführst?

Dass viele nicht heilen wollen, weil sie an ihren alten Blockaden festhalten.

Gibt es etwas, das dich sehr glücklich macht, wenn du das tust?

Ja, die Menschen die heilen, die einen brauchen viel Zeit, doch man sieht, wie sie erblühen, die anderen brauchen nicht so viel Zeit und beginnen sofort mit der Heilung. Das ist immer wieder sehr schön anzuschauen.

Wie siehst du es denn?

Das ist wie eine Blume, die beginnt zu blühen ...

Was ist deine Botschaft an die Menschen, die hier nach Abadiânia kommen?

Ja gerne, du kannst ihnen sagen, dass ich mich immer sehr freue, wenn sie hierher kommen. Die Liebe ist der einzige Schlüssel, die einzige Kraft, die wir hier bewegen, und die Menschen können ihre Liebe noch mehr entfalten, indem sie ihre Herzen öffnen. Das ist mir sehr wichtig. Die Herzen sind der Schlüssel für die Heilung.

Möchtest du zu dem Thema Kirche etwas sagen?

Ja, die Kirche ist in dieser Form das Schlimmste, was den Menschen passieren konnte, denn die Idee ist immer noch gut, doch die Umsetzung ist nicht richtig. Das ist wie der falsche Weg des richtigen Zieles.

∞

Wenn du magst, kannst du dazu gerne mehr sagen.

Du musst ihnen mitteilen, dass die Enge der Kirche nicht die Heilung bringt, die sie wünschen. Ihre Heilung finden sie in der Weitung der Seele, daher ist es jedem selbst zu überlassen, welche Gedankengüter er von der Kirche übernimmt und welche nicht. Doch prinzipiell ist dieser Verein nicht gesund.

Warum ist er in deinen Augen nicht gesund?

Das weiß ich nicht, es liegt meiner Meinung nach an den vielen Menschen, die im Geiste so krank sind, die dort sitzen und lehren. Das ist nicht gut, denn ein kranker Geist kann nicht gesund lehren.

Was sagst du zu den anderen Religionen unseres Planeten, haben die ähnliche Problematiken?

Ja, es ist in allen Religionen nie die Weite, die sie lehren, auch wenn sie meinen, dass sie sie lehren. Doch ihre Formen verhindern das. Dann ist das die weibliche Kraft, die sie verhindern und dadurch das Erfahren der Ganzheit verhindern. Das ist erneut eine kranke Geisteshaltung. Dann ist es die Freude, die sie den Menschen nehmen. Keine Religion lehrt, dass Freude mit Liebe die wichtigsten Parameter des Menschseins sind. Das ist mir ein Rätsel, wie derartig einfache Wahrheiten nicht kommuniziert werden. Das sind die wichtigsten Punkte, die ich bemängeln würde. Es wäre sehr schön, wenn du das weiter kommunizieren kannst.

Sehr gerne, hast du das in deinem Leben auch schon so gesehen?

Nein, ich habe es nur gespürt, dass etwas nicht stimmt und mich dem abgewandt, dennoch wusste ich nicht genau, wie man es benennen soll und was der Kern der Problematik war.

Wie ist dann deine jetzige Erkenntnis gekommen?

Die Menschen haben keine Herzenergie in sich, wenn sie in diesem Glauben so verfangen sind. Das ist wirklich korrelativ, denn die Lehren der Kirche behaupten, viel in der Herzenergie der Menschen zu bewegen, doch sie bewirken genau das Gegenteil. Die Herzen der Menschen werden roh und verschlossen, nicht lebendig und offen.

Liegt das an den ganzen Verboten, Geboten und Regeln, die sie aussprechen?

Ja, Verbote sind Regeln, und Regeln erzeugen eine Form, und Form kann beengen.

Möchtest du noch einmal inkarnieren und als Mensch leben?

Nein, bisher habe ich keine Impulse dazu, die Art, wie ich hier wirken kann ist die einzig richtige, denn ich muss mich nicht verletzen lassen und kann dennoch Liebe geben. Die Notwendigkeit zu verbinden ist keine Frage, dennoch wähle ich lieber diese Form dazu.

Wenn alle Menschen, die gerne Liebe geben, nicht mehr auf die Erde kommen wollen, dann ist das doch aber auch nicht gut, oder?

∞

Doch, das ist absolut in Ordnung, vor allem an derartigen Plätzen wie Abadiânia und mit Menschen wie Joao erreichen wir mehr als wenn wir inkarnieren.

Hast du in der Casa einen Lieblingsort?

Nein.

Nimmst du die Lichtkugeln wahr?

Ja natürlich. Das ist schön, sie sind so zart und nett anzusehen, und liebevoll, das ist immer wieder ganz bezaubernd zu beobachten. Die Lichtkugeln sind licht und manchmal etwas farbig.

Was meinst du, warum manche Farben haben?

Das ist dann, wenn sie eine Energie in sich tragen, die transformiert werden muss.

Dann habe ich jetzt keine Frage mehr, möchtest du noch etwas sagen?

Nein, es war sehr schön, dich zu sprechen.

Bis gleich.

Bis bald.

Amor

Im Buch „Spirituelle Heilung" von Ismar E. Garcia, habe ich erfahren, dass es auch eine Energie gibt, die sich „Amor" nennt. Da ich gerne forsche, versuchte ich also auch, Kontakt zu dieser Energie zu bekommen.

Es gelang mir relativ schnell. Die Energie ist sehr hochschwingend und sehr, sehr fein.

Interview

Ich bin sehr gespannt, wer sich unter dem Namen Amor zeigt. Liebe Wesenheit Amor, hast du nur diesen Namen, oder woher stammt diese Bezeichnung?

Ich heiße Amor, weil ich die Liebe in meiner Energie verkörpere.

Und warum hast du dich unter diesem Namen den Menschen offenbart?

Weil ich die Kraft der Liebe bin und weil dieses Wort in dieser Sprache von jedem menschlichen Wesen verstanden wird.
(Anm. d. Autorin: Amor kommt aus dem Lateinischen und heißt: Liebe)

Warst du schon einmal Mensch?

Nein.

Aus welcher Ebene sprichst du?

Die Ebene, aus der ich spreche, ist nicht zu beschreiben. Du kennst sie noch nicht.

Umso mehr freue ich mich, dass ich dich heute kennen lernen darf, denn dadurch erweitere ich meine Energie.

Du warst hier schon, aber noch nicht während dieses Wirkens in

diesem Körper, in dem du nun steckst.

Wie soll ich dich genau nennen? Wesenheit, Kraftwesen, Amor?

Amor ist genau richtig. Amor.

Die Wesenheiten, die in Joao inkorporieren, kommen meist aus der dritten, vierten und fünften Ebene. Kannst du nicht eine kleine Beschreibung geben, wo du dich befindest im Kosmos?

Ich bin Teil der Verwandlungsebene, die ihr die letzte Ebene benennt. Die Weise Bruderschaft ist unter meinem Zustand.

Ah, dann bist du wahrscheinlich in der siebten Ebene?

Die letzte Ebene und die erste Form-Ebene. Dann gibt es nur noch die Quelle selbst.

Hast du eine Form?

Es ist möglich für mich, einen Körper zu beleben, aber nicht einen menschlichen Körper. Die Energie ist zu hoch, ich kann mich aber darauf konzentrieren, die Kraft in eine Form zu bringen, die letztlich in einen Körper gehen kann, wie es die Wesenheiten bei Joao tun.

Dort, wo du bist, sind da viele andere Wesen?

Nein die Ebene ist leer, da hier keine Formen sind.

Zu wem oder was spreche ich dann, wenn ich in etwas Formloses spreche?

Du sprichst mit der Kraft der Liebe.

Wie groß ist diese Kraft, wenn man sie beschreiben möchte?

Du kannst hier nicht in Formen denken, das geht nicht. Hier gibt es keine Form, auch nicht die ovale Form der Wesenheiten.

Wie nimmst du mich wahr?

Du bist reine Energie in einer Blase aus Licht und besuchst mich auf dieser Ebene. Ich nehme deine Energie wahr, doch nicht deine Form als Mensch.

Du hast sicher auch keine Augen?

Nein, ich bin nur Bewusstsein.

Wie bist du zu Inacio und Joao gekommen?

Die Energie dieser Wesenheiten ist sehr arbeitsreich. Sie sind sehr bemüht. Diese Kraft habe ich gespürt und wollte wissen, wo sie herkommt. Deshalb begab ich mich in die Ebene der Meister, dort wo sie wirken, und habe mir angeschaut, wie sie arbeiten.

Hast du mit ihnen kommunizieren können?

Ja, das war möglich. Ich hätte mit ihnen kommunizieren können, doch sie haben mich nicht wahrgenommen.

Weil du keine Form hast?

Ja.

Und wie ging das, dass du dann in den Körper von Joao gegangen bist?

Ich habe es einfach getan. Ich habe die Energie gebündelt und bin in eine Form gegangen. Diese Form besuchte dann Joao und seine Lichtkugeln. Dann bin ich in ihn hinein und habe versucht, die Menschen zu verstehen.

Und? Wie war das?

Die Erfahrung war sehr intensiv, denn ich kannte bis dahin nicht die Wesensart der Menschen, die nicht in Liebe sind, das habe ich dort erfahren, wie es ist, ohne Liebe zu leben.

Wie sah das für dich aus?

Die Kraft der Menschen war nur kalt und lebensnah.

Was meinst du mit lebensnah?

Die Kraft reichte gerade, um den Organismus zu beleben, doch keine Bewusstheit zu erlangen.

Und wie hast du die Energie gesehen?

Die Energiekörper der Menschen waren sehr dunkel und ich habe wenig Liebe in ihnen, besonders in ihren Herzen, gefunden, doch manchen haben wir weiterhelfen können und ihre Herzen öffnen können.

Wie fandest du das?

Das war sehr schön mit anzuschauen, doch ich wollte nicht mehr diese Form einnehmen, das war mir zu eng. Die Art wie ich jetzt „bin" ist mir mehr entsprechend.

Also hast du nicht mehr vor, in Joao zu gehen?

Das weiß ich noch nicht.

Du hast jetzt die Möglichkeit, den Menschen eine Botschaft mitzugeben, Amor.

Die Menschen sind verbunden mit der Kraft der Liebe und können diese Kraft erhöhen. Das ist wesentlicher Bestandteil des Lebens. Diese Kraft erhöhen. Doch viele wissen das noch nicht und leben es daher noch nicht. Die Menschen müssen lernen, dass sie eigene Verantwortung tragen für ihre Schicksale und ihr Schaffen. Die Kraft kann nur steigen, wenn sie es wollen und handeln danach. Die Kraft wird niemals steigen, wenn die Menschen dies unbewusst erwarten. Die Kraft wird weniger, wenn die Menschen die Liebe nicht leben!

∞

Lieber Amor, es ist mir eine große Freude gewesen, dich gesprochen zu haben.

Danke dir für dein Wirken..

Emanuel

Emanuel ist ein besonders dadurch bekannter Geist, dass er spiritueller Mentor von Chico Xavier war. Über sein vorheriges Leben weiß man, dass er vor zweitausend Jahren der stolze römische Senator Publius Lentulus gewesen ist, der durch Cäsar und für Cäsar, umgeben von Luxus und Prahlerei gelebt hat. Mit Livia verheiratet erlebte er von der Ehrentribüne aus die Hinrichtung seiner Gattin mit, die er liebte, und die für ihren Übertritt zum christlichen Glauben sterben musste. Er selber starb im Jahr 79 in Pompeji beim Ausbruch des Vesuvs.

Die Buße seiner Fehler einleitend, reinkarnierte er auf der Suche nach Entwicklung fünfzig Jahre später als der Sklave Nestorio, der kam, um in der römischen Arena gemeinsam mit alten und jungen Christen von den Raubtieren verschlungen zu werden und damit als Spektakel zu dienen.

Ungefähr hundertfünfzig Jahre danach wandelte er in der Hülle des römischen Patriziers Quinto Varro auf der Erde, welcher, um einer Verschwörung zu entkommen, bei der er umgebracht werden sollte, die Identität eines alten Predigers namens Corvino annahm. Er wurde verurteilt und sollte enthauptet werden, doch dann wurde ihm ein langsamer Tod im Kerker gewährt.

Viele Jahrhunderte vergingen, und im Jahr 1517 reinkarnierte er in Portugal, als jener, welcher zu Padre Manuel da Nobrega werden sollte, einer herausragenden Persönlichkeit in der Gemeinschaft Jesu, die von Inacio de Loyola gegründet worden war; er wirkte entscheidend an der Geschichte Brasiliens mit, einschließlich bei der Gründung des Kollegiums Piratininga, der anfänglichen Wiege der großen Metropole Sao Paulo. An Tuberkulose erkrankt, verstarb er im Alter von dreiundfünfzig Jahren in Rio de Janeiro.

Zu der Schreibweise Emmanuel, statt Manuel, existiert der Bezug zum Namen E. Manuel (von Ermano Manuel/Bruder Manuel), wie Manuel da Nobrega seinen Namen schrieb.

Quelle: Spirituelle Heilung, Ismar E. Garcia

Interview

Ich bitte nun die Energie, die von den Menschen als Emanuel bezeichnet wurde, sich zu zeigen, um mich auch mit ihr auszutauschen.

Lieber Emanuel, wie geht es dir, mit steigen Tränen in die Augen?

> *Du bist sehr feinfühlig, diese Tränen sind Teil meiner Seele.*

Wie möchtest du genannt werden?

> *Emanuel.*

Ich möchte nun auch dich befragen, wie ich es mit all den anderen Wesenheiten getan habe, die hier in Abadiânia wirken. Ist das richtig, dass du hier auch wirkst?

> *(Zögern) ... Ja, ich bin dort auch, aber weniger als die anderen.*

Lieber Emanuel, bitte erzähle mir ein bisschen von dir, was dich bewegt, was dich berührt. Wie war der Weg deiner Seele? Ich habe schon von mehreren Leben gelesen, sind diese Informationen richtig festgehalten?

> *Ja.*

Welche Stationen deines Wegen möchtest du mir denn näher bringen?

> *Die Reise in die Zeit ist für mich nicht wirklich bedeutsam, sondern*

die Wege der Seele.

Das verstehe ich, doch die Menschen können auch euch besser verstehen, wenn ihr ihnen auch aus euren Leben erzählt.

Es ist besonders schwer für mich, diese Stationen wieder in Worte zu füllen. Das kannst du besser.

Ja, aber ich brauche dazu deine Hilfe. Magst du über diese Leben reden?

Nein, es ist nicht nötig.

Dann bitte erzähle mir doch, wo befindest du dich jetzt?

Ich befinde mich jetzt in der vierten Ebene und bin bei den anderen Meistern.

Was machst du dort?

Ich bete.

Ich wusste gar nicht, dass Wesenheiten auch beten?!

Du bist lustig, warum sollten wir nicht beten ...

Nun, für gewöhnlich beten die Menschen in die geistige Welt hinein, aber ihr seid ja in der geistigen Welt, zu wem sprichst du dann?

Zu Gott natürlich.

∞

Und warum betest du so viel?

Die Kraft, die ich dabei empfinde, ist so heilsam, das brauche ich.

Möchtest du den Menschen vielleicht etwas von deinen Übergängen erzählen?

Nein, das ist nicht angebracht.

Dann bitte beschreib mir doch, wie du in die Casa gefunden hast, oder besser, wie hast du Dom Inacio auf deiner Ebene gefunden und wahrgenommen?

Die Casa war immer schon eine Idee, die Inacio in seinem Leben hatte und vielleicht auch davor, doch ich habe das erste Mal davon erfahren, als ich mit ihm war. Diese Zeit (Anm. d. Autorin: als Mensch und als Freund von Inacio) war sehr wichtig, da ich spüren konnte, wie verbunden er war.

Im Vergleich zu deinem Gefühl als Mensch, wie hast du ihn als Menschen wahrgenommen?

Diese Energie in ihm war sehr rein und ich mochte immer, wenn er redete. Diese Kraft und diese Liebe waren einzigartig.

Wie ging es dann weiter? Hast du ihn zufällig getroffen, als du dann nicht mehr Mensch warst und er auch nicht mehr Mensch war?

Die Energie eines Menschen ist nicht nur existent, wenn sie in einem Körper ist, doch wenn die Energie den Körper verlässt, bleibt sie genauso bestehen. Das ist der Grund, warum ich in meiner Suche nach Heilung immer wieder nach der Energie von Inacio gesucht habe, und in dieser Inkarnation, die ich als Letztes hatte und dann verstarb, wollte ich umso mehr in seine Heimat finden.

Kann ich es so verstehen, dass die Energie, die du bei Inacio gefunden hattest, wie eine Art Leitfaden war, der dich dorthin führen sollte, wo du hin willst, auch vor und vor allem nach deinem Ableben?

Die Reinigung meiner Seele war besonders wichtig in diesem Prozess. Ich konnte ihn solange nicht erreichen, wie ich noch verunreinigt war. Die Kraft der Seele ist nicht besonders groß, wenn sie verunreinigt ist.

Und nach dem letzten Leben bist du dann so gereinigt gewesen, dass du ihn dann erreichen konntest?

Das ist korrekt, ich war die Reinheit, die es brauchte, um in seine Ebene zu finden, die Ebene der Meister der Qualitäten.

Und wie war das dann für dich?

Das war sehr schön, ich habe ihn wie einen Bruder begrüßt. Meine Seele tanzte vor Freude, weil ich wusste, ich habe einen großen Teil meiner Energie gereinigt und ich war wieder bei ihm. Es war wie eine Heimat für mich.

Und dann?

Dann habe ich beobachtet, wie er arbeitet. Ich habe die Leiter ge-

sehen, die in die Casa führt, und ich habe gesehen, wie er in den Körper von Joao geht, das wollte ich auch können, dann erlernte ich es.

Und wie war das, als du das das erste Mal getan hast?

Das war faszinierend, ich war noch in meiner Wahrnehmung der feinstofflichen Wesen, doch war ich in einem menschlichen Körper. Das ist sehr konstruktiv.

Und was hast du wahrgenommen?

Die ersten Male waren sehr beängstigend, da ich mich sehr eingeengt fühlte, doch ich gewöhnte mich daran. Dann begann es immer leichter zu gehen, und wenn ich es jetzt tun möchte, ist es einfacher.

Wie hast du die Menschen im Vergleich zu vorher wahrgenommen, als du selbst Mensch warst?

Die Energien der Menschen sind wandelbar und ich habe in ihnen diese vielen verschiedenen Formen von Energie gesehen. Es war sehr spannend, diese Farben und diese Informationen zu bekommen.

Wie genau kann ich mir das vorstellen, wie erfährst du dann, wo die Ursache einer Krankheit sitzt?

Das ist eine Information, die ich lese.

Also siehst du das Organ oder den Meridian, der nicht in energetischer Balance ist und das ist dann die Ursache der Krankheit, richtig?

Das ist korrekt.

Manche Menschen haben doch aber sicher viele Organe, die nicht in Balance sind, oder?

Das ist leider oft der Fall, ja. Die Menschen haben eine Eigenart. Sie lernen wenig über ihre Energien kennen und zusätzlich dazu, dass sie nichts darüber wissen, zerstören sie sie immer wieder. Das ist unglaublich.

Nun, wir lernen so etwas leider nicht in der Schule, du darfst ihnen nicht böse sein.

Das weiß ich. Die Hoffnung in mir, dass Bücher wie deines oder Menschen wie du das ändern könnten, ist noch groß.

Was macht dich traurig, wenn du hier durch Joao heilst?

Dass ich erkennen muss, dass nicht alle Menschen einen Weg der Heilung gehen möchten. Die meisten möchten Aufmerksamkeit.

Sind das wirklich so viele, die nur Aufmerksamkeit wollen?

Doch, leider sind es sehr viele.

Nach deiner Wahrnehmung, wie viele Menschen von hundert Menschen wollen nur Aufmerksamkeit durch die Krankheit, und wie viele wollen die Krankheit wirklich heilen?

Fünfzig Menschen von hundert wollen nur Aufmerksamkeit.

Und was macht dich sehr glücklich?

Die Menschen zu beobachten, wenn sie heilen. Das ist wie eine Neugeburt der Energie. Ich beobachte das sehr gerne. Das ist wie bei einem Fest. Die Energie beginnt sich zu wandeln und es entsteht ein ganz anderer Energiekörper. Das ist faszinierend.

Machst du auch visuelle OPs?

Nein.

Du kannst nun den Menschen eine Botschaft hinterlassen, was magst du ihnen sagen?

Die Menschen müssen lernen, dass ihre Energie noch lange bestehen bleibt. Wenn sie es schaffen, dass sie es in voller Konzentration wirklich wollen, dass sie reinigen, dann werden sie es auch schaffen. Diese Reinheit wird im Kosmos belohnt und die Ebenen, die erreicht werden, sind hell und schön. Doch wenn die Reinheit im Leben nicht erreicht wird oder zerstört wird, dann ist die Energie zu schwach und wird in der Phase des Übergangs nicht weit in die Energiewelten eindringen können. Das ist dann der Zustand des Fegefeuers, wie ihr in den alten Schriften vermittelt bekommt.

Du möchtest die Menschen aufrufen, dass sie jeden Tag an ihrer Reinigung arbeiten, ist das richtig?

Ja.

Nach dem, was von deinen Leben übermittelt wurde, scheint es mir, dass deine Zeit in Rom die Zeit deiner größten Verunreinigung war, sehe ich das richtig?

Ja, das ist richtig. Dort sind viele Verunreinigungen geschehen. Diese Zeit war geprägt von Luxus und Völlerei. Wir haben nur das Ego gelebt. Es gab keine andere Kraft als das Ego. Diese Energie hat uns verunreinigt und das ist sehr schwer, in Worte zu fassen, wie das Ego gereinigt werden kann. Ich bräuchte Bücher, das zu übermitteln. Das Einzige, was diese Verunreinigungen wieder heilen kann, ist die Liebe. Die Liebe in allen Formen ist die Heilung, auch für diese Verunreinigungen, für jeden, der sie dort erfuhr.

Kannst du dich noch an die römischen Priesterinnen, auch Vestalinnen genannt, erinnern?

Sehr wenig. Diese Frauen waren sehr eigenartig und nie sichtbar. Sie waren immer in ihrem Bereich. Ihre Aufgabe war die Reinigung der Flammen der Wahrheit.

Haben sie das dann nicht geschafft, weil ihr alle so verunreinigt wurdet?

Nein, das kannst du nicht sagen, diese Frauen waren in ihrer Aufgabe sehr gut, ich habe ihnen nur keine Aufmerksamkeit geschenkt, das ist alles.

Möchtest du denn noch etwas an die Menschen weitergeben?

Die Liebe ist der Schlüssel in die Heilung. Ich möchte sagen, dass das wichtig ist, alles andere ist Nebensache, auch die Reinigung ist nur eine Form der Liebe, daher bitte vermittele ihnen wirklich, dass die Liebe der Kern und das Ziel der Heilung ist. Immer und immer wieder.

Es gibt Menschen, die lieben einen anderen Menschen übermäßig, ist das auch die Art, die du meinst?

Nein, das ist nicht die Art, die ich meine. Die Liebe, die ich meine, ist die Liebe zu allem, was ist. DAS ist die Antwort.

Also meinst du die Liebe zu allem, was existiert und uns begegnet. Das macht uns aufmerksam und Aufmerksamkeit bedeutet Bewusstheit ... und dort geschieht die Energiewandlung, richtig?

Ja.

Wenn du jetzt so viel betest, für wen betest du?

Die unterschiedlichsten Sachen. Manchmal für Menschen, manchmal für die Welt.

Und wie kommt es dazu, dass du für Menschen betest?

Das funktioniert ganz einfach. Ein Mensch ist mit uns verbunden

und wir spüren seine Liebe. Ruft er um Hilfe, so kommt diese Bitte hier als Energieimpuls an und ich nehme mich dieser Bitten an und bete für diese Menschen.

Und was geschieht dann mit dem Impuls?

Die Energie, die sie haben, verbindet sich mit meiner und wir beginnen die Kraft in ihnen zu erhöhen, das ist die Heilung.

Das ist ja dann ähnlich wie der Prozess einer OP, in dem auch die Energie erhöht wird?

Ja.

Lieber Emanuel, möchtest du noch etwas sagen?

Du hast schon viel gefragt.

Ich glaube, ich habe jetzt keine Frage mehr an dich.

Das ist in Ordnung

Kann ich den Menschen vielleicht sagen, dass sie sich an dich wenden sollen, wenn sie Unterstützung in ihren Gebeten möchten?

Ja, sehr gerne. Das ist eine schöne Idee. Erzähle ihnen von mir und sie werden es tun.

Ja, das mache ich. Nun dann danke ich dir vielmals und sage „bis gleich".

Bis bald.

Die leise Form

In meinem Gespräch mit Chico Xavier bat er mich, doch bitte die „leise Form" auch mit zu befragen. Es sei wohl auch wichtig für die Menschen. Daher bitte ich nun um die Verbindung zur „leisen Form".

Interview

Liebe leise Form, was genau bist du?

Ich bin die Form, die die Wesenheiten beschützt. Ich lebe in Abadiâ-nia und bin die Energie, die diesen Ort beschützt.

Wie darf ich mir das vorstellen? Wie beschützt du, als Energie?

Das ist eine Art Frequenz, wie ihr es nennt, die ich habe, die diese Energie hier von den anderen absorbiert. So sagt ihr doch?

Ja, das heißt du bist kein Wesen?

Nein.

Du bist ein Energiefeld?

Ja, die Frequenz, die ich habe, ist die Energie, die in diesem Bereich beschützend wirkt, das ist nicht zu erklären in Örtlichkeiten. Du musst dir das vorstellen wie eine innere Form.

Das heißt, du bist überall, aber die Art und Weise deiner Frequenz ist so, dass sie Negatives von diesem Ort abhält?

Ja.

Warum ist das so?

Die Energien, die hier um Abadiânia herum sind, brauchen viel Kraft, um zu leben. Das versuchen sie von Abadiânia zu bekommen, doch die Frequenz meiner Energie ermöglicht es ihnen nicht.

Dann bist du - wie wir gerne auch sagen - das Quäntchen Salz in der Suppe, das den Geschmack so macht, dass diejenigen, die Salz nicht mögen, diese Suppe nicht essen können, richtig?

Ja genau.

Du wirkst nur in diesen Feldern hier auf der Erde?

Ja, bin aber eine kosmische Kraft.

Also haben andere Orte diese deine beschützende Kraft nicht?

Das ist wie eine Art Wesen, das eine Form hat.

Also gibst du dem Licht eine Form in gewisser Weise?

Ja.

Bist du Teil der Energie des Ortes, oder bist du separat dazugekommen?

Diese Frage ist menschlich, es gibt nichts extra ...

Ich wollte verstehen, ob eine Energie, wie sie in Abadiânia schwingt, immer auch mit einer derartigen Energie wie dir zusammen auftritt.

Ja.

Und was meinst du, warum Chico wollte, dass ich dich kontaktiere?

Damit die Menschen wissen, dass hier ein besonderer Schutz existiert. Dies ist noch wichtig, um ihnen die Verbindung zu ermöglichen. Die meisten Menschen haben Ängste, die die Verbindung blockieren. Die Menschen müssen vertrauen, sonst können sie nicht heilen.

Hast du eine Farblichkeit?

... jein, eine Farblichkeit, wie ihr sie kennt, nicht, doch ich bin an einer Farbe zu erkennen, wenn man Frequenzen sehen könnte. Das wäre dann blau, hellblau.

Und wovon ernährst du dich?

Das ist nicht nötig, ich bin einfach.

Dann danke ich dir vielmals.

Vielen Dank.

Dom Ingrid

Interview

Ich suche den Kontakt zu der Energie, die von den Menschen als Dom Ingrid wahrgenommen wurde.
Lieber Dom Ingrid, ich möchte auch dich kennen lernen, wie ich alle anderen Wesenheiten kennen gelernt habe, die hier in Abadiânia immer wieder in Joao inkorporieren. Darf ich dich dazu befragen?

> *Ja gerne.*
> *Ich möchte dir von meinen Erfahrungen durch das weibliche Geschlecht berichten, dass ich als sehr bereinigend empfand. Ich war in anderen Leben auch in männlichem Geschlecht inkarniert, doch empfand ich die weibliche Form für mich und meine Entfaltung optimaler. Die Zeit ist in mir als Zeit der Reinigung gespeichert, ich kann mich leider an keine Zeit erinnern, die ihr benennt.*

Kein Problem, dann lass uns doch in deine Zeit der Reinigung schauen. Bitte erzähle mir, hattest du eine schöne Kindheit als Mädchen?

> *Ja, ich war besonders in meiner Kindheit sehr beschützt, dafür bin ich meinen Eltern sehr dankbar. Diese Kraft, die sie mir gaben, war sehr besonders. Dann begann eine Zeit der Reflektion in mir, die ich brauchte, um zu verstehen, wer ich wirklich bin. Diese Zeit war sehr wichtig für mich und ich begab mich dazu in eine kirchliche Institution. Dort war ich viele Jahre, die ich sehr genoss, denn*

dort erfuhr ich auch wieder sehr viel Schutz. Es begab sich, dass ich eines Tages in der Kirche das Wesen der Maria wahrnahm.

Wie hast du das wahrgenommen?

Die Kraft in Marias Nähe wurde sehr stark und ich wusste in diesem Moment: Sie ist bei mir. Dann sprach ich zu ihr und sie antwortete. Die erste Frage, die ich hatte, war die kirchliche Weihe, ob ich sie einmal erfahren darf. Darauf antwortete Maria mit einer Verbindung, die sie mir zeigte in Form eines Gefühles. Ich wusste, die Kraft, die ich spürte, war die göttliche Kraft der Weiblichkeit. Deshalb begann ich zu verstehen, dass ich als weiblicher Mensch wirken muss und nicht in geschlechtloser Form trotz meiner Form als Frau.

Inwiefern war das eine Antwort zur kirchlichen Weihe?

Die Frage war nicht, ob ich sie verdiene, sondern ob ich sie annehmen soll. Doch ihre Antwort war wie ein Pfad in die Welt.

Und du hast es also so verstanden, dass sie dir geraten hat, den Weg deiner Kraft zu gehen und diese nicht zu unterdrücken, wie das derartige Institutionen zum Beispiel in der Form des Zölibats und anderer Formen der Weltentsagung gerne tun?

Genau.

Wie ging es weiter, was war deine nächste Frage?

Die nächste Frage, die ich hatte, war die Frage nach dem Ursprung allen Seins, und ich wollte damit wissen, wo Gott zu Hause ist. Dazu schickte sie mir wieder ein Bild. Die Energie, die ich besonders in ihr wahrnahm, war mit einer Quelle verbunden, die ich nicht beschreiben kann. Die Kraft in dieser Quelle ist immer da und nie veränderbar. Das verstand ich als die Beantwortung meiner Frage nach Gott, und ich erkannte, dass Gott nicht männlich ist, wie ich es dachte, daher war ich bereit, die neuen Schritte zu gehen.

Die da waren?

Die letzte Frage, die ich ihr stellte, war die Frage nach dem Lebenssinn. Ich wollte wissen, warum die Menschen das Leben immer so negativ sehen und nicht in die positive Wahrnehmung gehen können. Dazu schickte sie mir eine liebevolle Umarmung und begann mir diese Kraft in mein Herz zu schicken. Da verstand ich, dass die Energie in unseren Herzen ist und viele Menschen dort wenig Energie haben. Das ist mir sehr verständlich gewesen, da ich Menschen traf, die sehr kalt schienen; und in diesem Moment der Umarmung von Maria wusste ich, dass eine Berührung von ihr in Liebe so viel mehr Wärme ist als ich bisher bei den Menschen fand.

Und das hat dich zu welchem Entschluss gebracht?

Die nächsten Tage waren schwer für mich, da ich erkannte, dass die Form, in der ich war, nicht die richtige war. Die Kraft als Mensch ist begrenzt und ich wollte diese Kraft aber erhöhen. Daher erlaubte ich mir, diese Energie in Form von Liebe in dieser Form zu leben, wie ich es jetzt tue

Heißt das, dass du den Freitot gewählt hast?

Ja.

Oh, das war dann aber wirklich ein schwerer Schritt, weil ich glaube, dass man dazu gerade in der Kirche nicht wirklich auf offene Ohren gestoßen ist?

Ich konnte nicht anders als all das überwinden.

Meinst du, dass Maria das wollte, dass du wirklich so schnell aus dieser Form gehst?

... Hm ... ich wollte wirken und helfen und ich wusste, ich kann es nicht in dieser menschlichen Form. Diese Welt, in der ich war, war sehr kalt, und ich brauchte viel Kraft, um diese Kälte zu überwinden, um am Ende nur einen liebevollen Menschen erlebt zu haben. Das war mir zu wenig.

Darf ich dich zu deinem Übergang befragen? Wie war das, wie bist du in den Übergang gegangen?

Die Liebe der Maria war meine Heimat. Ich wusste, wo ich hin will, daher war ich ohne eine Angst in dieser Zeit.

Was hast du gemacht, wie bist du gestorben?

Das war in der Kirche. Ich wollte bei ihr sein, als ich ging.

Und was hast du genau gemacht?

Die Ärzte haben mir mit Schlafmitteln geholfen. Ich habe dies nicht in ihrem Bewusstsein getan, ich habe mir diese Mittel besorgt und dann in der Kirche genommen.

Warst du da ganz alleine? Hattest du kein schlechtes Gewissen deiner Familie gegenüber?

Die Familie, die ich hatte, war eine Brücke in diese Erfahrung. Ich war die meiste Zeit im Kloster und hatte lange keinen Kontakt mit meiner Familie. Das ist richtig, dass es Gewissensfragen gab, dennoch war die Sehnsucht nach Hause so groß, dass ich nicht anders konnte. Dann begann die Reise der Seele durch die Welten. Ich wusste, wie die Kraft von Maria sich anfühlt und daher wusste ich genau, wo ich hin will, in welchen Zustand ich möchte.
Die erste Wahrnehmung war die Energie anderer Menschen. Diese waren aber ohne Körper, wie wir es kannten (Anm. d. Autorin: Verstorbene). Ich nahm ihre Energie wahr, doch ich sah ihre Gesichter nicht. Das war sehr erschreckend, dennoch konnte ich mich beruhigen. Ich sah die Menschen in Verbindung zueinander und ich sah, wie ihre Herzen geschlossen waren. Diese Verbindung war bei den meisten Menschen sehr schwach.
Dann begab ich mich weiter in die nächste Stufe .

Ich hab eine kurze Zwischenfrage - in der Ebene, die du eben beschrieben hast, wie war da deine Umgebung, war es hell, war es dunkel?

Die Umgebung, als ich diese menschlichen Energien wahrnahm, war sehr dunkel. Das war auch erschreckend.

Wie ging es dann weiter?

Die nächste Stufe war sehr hell, dort war es viel wärmer und ich fühlte die Liebe schon etwas mehr in ihnen. Dort waren auch Verstorbene wahrzunehmen, doch ihre Energien waren heller und höher schwingend. Ich wusste, sie sind verbundener mit der Quelle als die anderen.

Waren es viele?

Ja, das waren viele, ich kann keine Zahl nennen.
Und dann begab ich mich weiter in die nächste Ebene, dort fand ich die Engel und war verliebt in ihre Kraft. Ich kannte die Engel aus den Bildern in der Kirche, doch diese Engel waren viel liebevoller. Die Kraft aus ihnen war noch um ein Vieles mehr verbunden als wir in der erdlichen Wahrnehmung verstehen können. Die Engel waren lichtvolle Wesen, die in sich eine Kugel darstellten, doch ich wollte sie in ihrer Form wahrnehmen, die ich mit mir in all den Jahren trug. Dann bin ich weitergestiegen in die Ebene der Meister. Dort war ich verbunden und wollte noch immer weiter, doch ich konnte nicht. Die Kraft, die ich hatte, reichte nicht, um noch höher zu steigen. Das machte mich etwas traurig, doch ich begann mich zu besinnen, dass ich die Kraft der Maria spüren kann, daher folgte ich diesem Gefühl weiter und begab mich dadurch in eine neue Wahrnehmung. Diese Energie, die sie strahlt, ist nicht in einer Form zu finden. Sie ist die Kraft der Weiblichkeit in Energieform.

Und wie ging es weiter?

Diese Erkenntnis hatte ich schon in der Kirche, doch nun wollte ich diese Energieform finden. Ich begab mich weiter auf die Suche. Ich bereiste diese Ebene der Meister und forschte in mir weiter, ob ich irgendwo diese Kraft finden konnte. Dann eines Momentes verband ich mich mit der Kraft ihrer liebevollen, besonders hellen Energie und dabei brachte ich Kraft auf, die ich vorher nicht hatte, und dadurch begann ich die nächste Stufe zu erreichen.

Also hast du über die Absicht und deine Konzentration deiner Kraft deine Energie so verändert, dass sich deine Wahrnehmung veränderte und du dadurch zu ihr gefunden hast?

Ja, genau. Dann war ich auf der vierten Ebene angekommen. Ich war nun auf der Ebene der Meister der außergewöhnlichen Qualitäten und ich wusste, hier kann ich besser mit ihr in Kontakt treten als vorher. Deshalb begann ich noch weiter zu suchen und ich fand Dom Inacio.

Wie hast du ihn wahrgenommen?

Die Energie, die er ist, ist warm und hell, ich hatte einen Moment lang gedacht, es sei Maria, doch ich verstand bald, dass er Dom Inacio ist, und dann beobachtete ich seine Arbeit in der Menschenwelt. Ich sah ihn in der Menschenwelt wirken, obwohl er hier in dieser Ebene war. Das verstand ich nicht, daher beobachtete ich weiter. Ohne Hilfe hätte ich es nie verstanden, was genau er tut, denn er ist sehr beschäftigt in seiner Aufmerksamkeit .

Wie meinst du das - ohne Hilfe -, wer hat dir denn geholfen?

Die Kraft von Valdivino, die ich bald auch wahrnahm, war meine Erlösung; er war auch voller Liebe und Kraft der Liebe. Ich beobachtete Inacio und Valdivino beobachtete mich. Das brachte ihn zu mir und wir kommunizierten. In seiner Art der Wahrnehmung hatte er die Kommunikation noch in reinen Gedanken, das brachte mich noch mehr in die Verbindung mit ihm, sodass ich es noch mehr verstehen wollte. Diese Art der Kommunikation war mir fremd, doch ich wusste, es ist richtig so. Dann verstand ich langsam, wie Dom Inacio diese Arbeiten macht und wollte auch in diese Arbeit involviert werden. Daher begann ich, den Ort aufzusuchen, in dem er wirkte in der Welt der Menschen. Das machte, dass ich auch einmal in diesen Körper von Joao ging, doch ich konnte diese Enge nicht aushalten. Ich brauchte Weite und daher beschloss ich, weiter mit dieser Ebene verbunden zu bleiben; doch ich gehe nicht in einen Körper.

Also lenkst du deine Aufmerksamkeit nur noch, ohne dich ganz hinabzuschwingen, wie wir sagen würden?

Ja.

Bist du auch bei unsichtbaren Operationen dabei?

Ja, diese Art der Operationen wie ihr es nennt, sind sehr hilfreich für die Seelen und ich bin gerne dabei, wenn ich helfen kann.

Liebe Dom Ingrid, bist du denn jetzt glücklicher als in der Form als Mensch?

Ja.

Hast du denn eine Idee, warum du überhaupt damals gekommen bist?

Ja, das war ein Prozess der Reinigung. Ich brauchte die Enge, um die Weite zu finden.

Was hat dich denn am meisten beengt?

Die Regeln der Menschen ... vor allem die Klosterregeln. Diese Kraft ist in ihrer Idee nicht gesund, da sie die Menschen trennt von dem eigentlichen Feld der Wirkung. Die Energie ist niemals getrennt, daher ist die Hilfe durch Beten in besonderer Weise nicht menschlich, doch ich kann die Worte dazu nicht finden.

Ich habe schon verstanden, du willst sagen, dass diese Formen generell für eine Zeit in Ordnung sein mögen, doch nicht auf Dauer, da sie trennen, was nicht getrennt ist, richtig?

Ja, so in der Art. Die Wirkungsfelder der Menschen müssen ineinander fließen und nicht voneinander getrennt wirken. Ist das besser zu verstehen?

Ja, ich hab´s verstanden ... keine Sorge. Aber generell ist das Kloster als Ort des Schutzes doch gut gewesen?

Ja, doch ist die begrenzte Form dort nicht gut. Ich hätte gerne die Möglichkeit gehabt, das zu wandeln. Die Erkenntnisse waren so tiefgreifend, dass ich nicht mehr dort bleiben konnte. Das ist doch Beweis genug, wie ich mich fühlte, oder?

Ja, ich verstehe, du hast dich vor allem ohnmächtig gefühlt, weil du gesehen hast, was zu ändern wäre ... aber nichts ändern konntest, richtig?

Ja.

Wie nimmst du die Menschen jetzt wahr von dieser Ebene?

Die Menschen sind immer noch sehr kalt in ihren Herzen, doch ich bringe ihnen immer Liebe, wenn ich sie berühre, das macht ihre Herzen auf und das ist Heilung ...

Wie berührst du sie?

Die Menschen brauchen nur Aufmerksamkeit und ich gebe sie ihnen.

Gehst du dazu auch in die Räume von der Casa?

Ja.

Gibt es etwas, das dich traurig stimmt, wenn du hier wirkst?

Ja ... die Menschen bekommen so viel Kraft von uns, und dann verschwenden sie sie wieder. Das ist manchmal etwas traurig, doch ich bin kein Kind der Traurigkeit, daher bitte nimm dieses Wort nicht zu sehr in seiner eigentlichen Bedeutung als Mensch als Vergleich.

Ich versteh dich schon richtig, keine Sorge. Ihr findet es einfach nur schade?

Ja genau.

Und was macht dich froh?

Die Menschen, wenn sie heilen. Das ist wirklich toll mit anzuschauen, dann beginne ich mich in mir wie ein kleines Mädchen damals zu freuen. Das ist immer sehr schön.

Du hast nun die Möglichkeit, den Menschen eine Botschaft zu überbringen. Wenn du magst, dann beginne ...

Gerne. Die Liebe in uns ist der Schlüssel in die Quelle. Die Frauen müssen ihre Herzen öffnen, um die Männer zu lieben und die Männer, um die Frauen zu lieben. Diese Kraft ist in ihrer Wertigkeit nicht mit Worten zu beschreiben. Die Erkenntnis, dass Gott keine Person ist, die alles lenkt, sondern eine Quelle an Kraft ist, die alles lenkt, macht die Wichtigkeit von Männlichkeit und Weiblichkeit in euren Formen umso bedeutsamer. Das ist mir sehr wichtig, dass die Menschen in ihre Kraft kommen. Die Liebe zu Gott ist nicht die Liebe zu einem Mann oder einem Wesen, die Liebe zu Gott ist die Verbindung mit allem.

Hast du denn auf deiner Suche die Marienkraft gefunden?

Das ist eine gute Frage. Ich habe die Kraft von ihr in mir gefunden - das ist die Antwort. Die Antwort auf alle Fragen findet ihr IN EUCH. Das ist die einfache Wahrheit.

Liebe Dom Ingrid, magst du noch etwas sagen?

Nein.

Dann danke ich dir vielmals für deine wunderbaren Einblicke in deine Wahrnehmung. Wir haben wieder sehr viel Interessantes und Verbindendes erfahren. Danke, dass es dich gibt und dass du so wirkst . Bis bald.

Bis bald.

Eso die Wesenheit im Garten

Da alle Energie ein Bewusstsein besitzt, ist es auch möglich, dass sich Energieformen melden, die noch ganz anders sind als die Formen der Energien, die wir in Verstorbenen, so genannten Engeln, Meistern und all den Wesenheiten finden. So geschah es mir, als ich im Garten der Casa saß und sich eine Präsenz meldete.

Interview

Wer bist du?

Ich bin Eso.

Bitte beschreib mir, was genau bist du?

Ich bin die Energieform, die du hier im Garten vorfindest. Ich bin sehr nahe der Energie der Pflanzen. Meine Aufgabe ist es, die Menschen von ihren Erschöpfungen zu beruhigen.

Wesenheit von Eso bist du alleine oder hast du andere Helfer an deiner Seite?

Es gibt keine anderen, die diese Qualität haben hier im Garten.

Was können wir denn den Menschen sagen, wenn sie Kontakt zu dir haben möchten?

Wenn sie hier im Garten sind, sollen sie Eso anrufen und darum bitten, dass wir in Verbindung treten.

Liebe Wesenheit von Eso, wie hast du hierher gefunden, wie bist du hierher gekommen?

Ich befinde mich nur im Garten, immer da, wo Pflanzen blühen.

Wie bist du hierher gekommen - an diesen Ort?

Ich wollte an einem Ort helfen, an dem wahre Verbindung möglich ist.

Wie hast du diesen Ort gefunden?

Ich habe den Wunsch verspürt, die Erweiterung des Kosmos in seiner ganzen Fülle zu erfahren. So (Anm. d. Autorin: durch den Wunsch in mir) beginnt Bewegung, und diese Bewegung hat mich hierher gebracht. Die Energie des Ortes ist wirklich einzigartig. Wenn man es kann, ist es hier möglich, mit der Quelle allen Seins in Kontakt zu kommen. So rein und außergewöhnlich ist dieser Ort.

Warum? Gibt es eine Ursache dafür, dass dieser Ort so rein ist?

*Schon seit vielen Tausenden Jahren besteht hier eine Leiter in die höheren Ebenen. Es sind verschiedene Komponenten, die die Energetik dieses Ortes ausmachen. Es ist die kosmische Platzierung. Dieser Ort ist eine der reinsten Stellen des ganzen Kosmos.
Es ist nicht der reinste Ort des ganzen Universums, aber er ist auf der Erde der reinste Ort.*

Wie sieht diese Reinheit aus?

Die Energiefelder sind rein.

Was passiert, wenn ein Mensch hierher kommt, der natürlich nicht in Reinheit aufgewachsen ist, und dann in diese Reinheit eintaucht?

Wenn ein Mensch verunreinigt ist, werden hier die Felder nach und nach gereinigt. Dadurch beginnt ein Prozess, der vieles in Gang setzt und die Seele wieder mit dem Zustand der alles bereinigenden Quelle verbindet. Dadurch lösen sich die Ursachen der Krankheiten auf. Wie eine direkte Verbindung in die Ursache der Krankheit hinein. Dennoch ist dieser Weg kein schneller, so direkt er wirken mag.

Liebes Eso, was möchtest du mir noch mitteilen?

Ich bin mit der Erde verbunden und ich wirke durch sie.

Liebes Eso, wie kann ich mir dich vorstellen?

Ich bin ein Energiefeld, das den ganzen Garten ausfüllt. Dort, wo die Erde sichtbar ist, bin ich.

Wie weit wirkst du? Einen Meter, zwei Meter, drei Meter, vier Meter...?

In eurer Messung wirke ich bis etwas zwei Meter über die Erde hinauf.

Du bist ein Energiefeld, das man direkt anrufen kann - und worum kann man dich bitten in diesem Ruf?

Ich reinige die Menschen durch meine Energiequalität.

Was möchtest du den Menschen noch mit auf den Weg geben, wenn sie das lesen?

∞

Die wirkliche Reinigung der Menschen passiert in ihnen, nicht im Außen, doch hier finden sie die nötige Umgebung, um diese Innenreinigung zu tun.

Dann danke ich dir vielmals, liebes Eso, und freue mich auf das nächste Mal, wenn ich im Garten sitze und dich um Reinigung bitte. Danke dir.

Ich danke dir.

Praktisches

Casa Guide

Interview

Wer von euch möchte zu mir sprechen zu den Fragen im Casa Guide?

Ich möchte Dir gerne die Fragen beantworten.
Ich bin Dom Inacio.

Lieber Dom Inacio, ich freue mich sehr, dass du dich meldest.

Ich mich auch. Du hast mittlerweile viele von uns kennen gelernt. Das ist gut und ich freue mich, wenn die Botschaften in die Welt hinaus geschrieben werden.

Ich möchte dich ein paar Dinge fragen zur Casa.

Zuerst, das gleichschenklige Dreieck, kannst du uns erklären, für was es steht?

Ja, das Dreieck ist die ausgleichende Energie, die hier begonnen wird in die Wege der Seelen zu geben. Die Energie, die wandelt. Das ist die Hauptbotschaft, denn damit ist alles gesagt, was hier geschieht.

Wenn die Menschen zu dem Dreieck beten, was oder wen sollen sie anbeten?

∞

Das ist egal, es ist nur wichtig, dass sie die Energie, die sie wandeln wollen, konzentrieren.

Warum soll man hier weiße Kleidung tragen?

Die weiße Kleidung ist dazu nötig, dass wir besser in die Schichten hineingehen können, das ist eine rein energetische Sache.

Weiße Kleidung ist demnach förderlich, dass man offen ist.

Ja.

Und Schwarze Kleidung verschließt?

Ja.

Warum ist das Dreieck nach oben gerichtet und nicht nach unten?

Das Dreieck nach oben ist die Verbindung in die höheren Ebenen.

Warum sollte man keinen Gürtel tragen?

Weil Metall die Energien verwirrt.

Darf man Ringe tragen ?

Wenige Ringe sind in Ordnung, aber nicht übermäßig.

Warum soll man nicht die Arme oder Beine überkreuzen?

Das blockiert den Energiefluss, den wir eigentlich beschleunigen möchten.

Was geschieht, wenn Kleidung geknotet ist?

Dann ist es nicht ganz so intensiv, aber auch.

Warum sollte man die Augen im Current geschlossen halten?

Die Energie im Current ist sehr hoch und wenn die Augen in diesem Prozess geschlossen sind, nimmt man mehr davon auf. Sind die Augen offen, nimmt man weniger auf und ist abgelenkt.

Warum wird geraten, an diesem Ort zu bleiben?

Das ist ganz einfach die Energetik des Ortes, die Lichtkugeln können nur hier besonders stark wirken.

Es gibt Menschen, die erzählen, wenn man die Casa verlässt, kann man auf viel Negativität stoßen.

Ja, das ist richtig und ganz normal, da dort die üblichen negativen Felder zu finden sind. Die Energie der Erde ist im Prinzip verunreinigt und braucht besondere Orte, um in Reinheit zu strahlen.

Warum ist die Stille hier so wichtig?

Das ist der Schlüssel für die Heilung. Die Energien der Heilung, die wir hier in die Seelen geben, ist besonders hoch. Die Kraft braucht Zeit, um in die Schichten zu dringen, die der Mensch um sich hat.

Das ist alles sehr innerlich und die Stille bringt diese Innerlichkeit und erhält die Kraft. Die Kommunikation bewirkt genau das Gegenteil.

Was genau möchtest du zu der verordneten Erholungszeit nach der OP sagen?

Die vierzig Tage sind eine symbolische Zahl, damit die Menschen ein Gefühl dafür bekommen, wie lange der Prozess dauert. Es ist immer unterschiedlich, es kann sogar auch noch länger dauern als diese vierzig Tage, genauso wie es auch kürzer sein kann.

Woran merken die Menschen, wann der Prozess beendet ist?

Die Energie wird stetig angehoben in ihnen und an dem Tag, an dem sie fühlen, dass sie in ihrer Kraft sind, ist der Prozess abgeschlossen. Da aber die meisten Menschen nicht spüren, wann sie die Impulse empfangen, sind die vierzig Tage in jedem Fall genau richtig.

Was passiert im Warteraum?

Dort sind erste Wesen der Reinigung, die beginnen die Aura zu bereinigen. Das sind Lichtkugeln, die diese Arbeit machen.

Kann der Mensch dort diesen Prozess beschleunigen?

Die Menschen dort können die Energien rufen und um Reinigung bitten, dann beginnt dieser Prozess, bis sie vor die Wesenheit treten.

Und dann wird auf dem ganzen Weg gereinigt?

Es wird vorbereitet, bis es soweit ist, doch so mancher bringt viel Verunreinigung mit, dass es die ganze Zeit dauert, die Felder vorzubereiten.

Was passiert dann auf dem Weg?

Im Saal ist die Energie der Lichtkugeln.
Dann beginnt die Schlange die Kraft immer mehr zu steigern. Mit jedem Schritt erhöht sich die Energie. Wenn man dann vor der Wesenheit steht, ist die Kraft am höchsten. Das Besondere ist dort, dass die Energie noch einmal doppelt so hoch ist wie vor diesem letzten Schritt ... manchmal sogar noch um ein Vielfaches mehr.

Liegt das daran, dass man dann in eure Aura tritt?

Ja.

Was ist mit den Lichtkugeln auf diesem Weg?

Die Lichtkugeln sind auch die ganze Zeit da, sie wirken dort intensiver in den Menschen, die meditieren.

Was geschieht in dem Raum neben Joao?

Dort ist die Energie auch noch sehr hoch. Ich würde es eher wie eine Zwischenstufe bezeichnen. Man kommt langsam wieder aus der ganz hohen Energie.

∞

Wie ist es im OP?

Dort ist die Energie auch noch hoch, aber nicht so hoch wie vor Joao.

Was passiert im Current?

Die Menschen werden von den Lichtkugeln weiter gereinigt. Das ist eine sehr aufwändige Sache und braucht viel Zeit, deshalb ist es gut, dass sie viel meditieren. Du weißt ja mittlerweile, wie die Lichtkugeln arbeiten.

Ergeben dann viele Meditationen den gleichen Effekt wie eine OP?

Nein, die OP ist eine ganz spezielle Sache. Wir geben dabei mehr Energie als jemals von den Lichtkugeln gegeben werden kann ... das ist eine kosmische Sache.

Im Casa Guide steht, im ersten Raum des Current würde die Reinigung geschehen, ist das richtig?

Nicht ganz, denn die Lichtkugeln erweitern die Seele/die Energiekörper, damit die Wesenheit schneller und besser sehen kann, was genau die Energetik des Menschen ist.

Die Lichtkugeln wirken also reinigend und sie machen die Aurakörper weicher und weiter?

Ja, das ist richtig.

Das ist nur im ersten Raum der Fall?

Im zweiten wird dann die Energie langsam erhöht, das macht die Weite noch weicher, also wie eine Frucht, die dann noch etwas länger liegt.

Es hieß einmal, dass das der Raum der Geistwesen ist?

Die Wesen sind hier ja in Joao und die Lichtkugeln sind hier ... das sind alles die Geistwesen.

Wie wollen wir diese Räume benennen?

Die Räume dort sind alle ausschließlich reine Räume der Beschleunigung.

Was geschieht im hinteren Raum?

Dort werden auch OPs verabreicht und dort ist die Energie auch noch sehr hoch.

Es gibt keinen Übergang und man steht sofort außerhalb der Räume nach einer OP. Es ist dann, als „falle" man in gewisser Weise aus diesem Raum heraus?

Das ist richtig, das ist mir noch ein Dorn im Auge, ich mag das nicht. Die Menschen brauchen einen besseren Auffangraum, ein geschlossener Raum wäre dazu hilfreicher, da die Energien von euch schnell abgelenkt werden durch all die äußeren Umstände der Natur und der vielen Menschen, die sofort um euch sind.

Wie nehmt ihr die Räume wahr? Seht ihr die Räume oder die Menschen?

Die Räume sehen wir als abgeschlossene Schutzräume, die eure Auren einschließen, wenn wir dort arbeiten. Das ist gut und wichtig.

Was wird im Ruheraum gemacht?

Dort liegen die Menschen und werden von den Lichtkugeln weiter bearbeitet. Das kann schnell gehen oder dauern.

Was genau wird in der Revisionslinie gemacht?

Dann schauen wir, ob die inneren Energien wirklich besser geworden sind.

Erinnert ihr euch daran, wie derjenige vorher aussah?

Es ist ersichtlich, wenn jemand einen Prozess durchmacht, ob er heilen will oder ob er die Heilung blockiert.

Wenn jemand aus einer Revisionslinie wieder in eine OP geschickt wird, dann bedeutet das also, dass er blockiert hat?

Ja. Die Revision sollte eine eigene Sitzung sein, die nicht von einer weiteren OP bestimmt wird. Das ist meist nur der Fall, wenn die Heilung nicht in der gewünschten Art vonstatten geht

Gibt es etwas, das du den Menschen mit auf den Weg geben möchtest, wenn sie den Weg hierher machen? Es gibt Schriften, die berichten, dass der Kontakt zu euch schon früher beginnt (z.B. im Flugzeug).

Das ist richtig, wir nehmen die Resonanzen wahr, wer kommen will; sowie der Entschluss beschlossen ist, dienen wir dem Ziel, das heißt, wir beginnen den Prozess einzuleiten, in dem wir langsam die Energetik des Körpers auf die Art unserer Eingriffe vorbereiten hier.

Wie bereitet ihr sie vor?

Wir machen sie weit. Das ist wie eine Pflanze, die noch in einem kleinen Topf steckt, und dieser Prozess ist ungefähr die Vorbereitung, die wir machen. Die Ankunft in Abadiânia ist dann die Erweiterung in den großen Blumentopf.

Also ein langsames Gießen an Energie?

Ja.

Und das Gießen geschieht, nur weil die Menschen den Entschluss fassen?

Das ist nicht so ganz einfach. Die Energie fließt, weil die Menschen sich öffnen und das tun sie nach dem Entschluss dazu.

Das würde ja bedeuten, die Menschen müssten sich einfach nur öffnen, egal wo sie sind auf der Erde, und dann beginnt diese Erweiterung?

Nein, nicht wirklich, die Konzentration der Energie hier ist einmalig, daher ist es kein direkter Vergleich, den du ziehen kannst. Die Verbindung zu uns kann jeder immer tun, doch ob er uns versteht und ob wir ihn wirklich erreichen durch die vielen Schichten der Erdmagnetik, ist eine andere Frage.

Warum soll man zur OP die Hand dahin legen, wo der Eingriff gemacht werden soll?

Das ist eine falsche Information ... die Hand erschwert uns eher den Eingriff, bitte kommuniziere das!

Wo sollen sie sie denn hinlegen?

Die Hände sollten immer neben dem Körper liegen, die Handflächen nach oben geöffnet, sodass die Energie fließen kann, Augen geschlossen.
Wenn Menschen auf Betten liegen, sollten auch die Handflächen nach oben aufgedreht neben dem Körper liegen.

Was kannst du zur Länge der OPs berichten?

Die OPs brauchen nicht so viel Zeit, der Prozess selbst ist eine Sache von Sekunden, daher ist auch eine Minute eurer Zeit ausreichend. Die eigentliche Heilung passiert ganz woanders und in einem ganz anderen Zustand danach.

Nun habe ich noch Fragen zu den Richtlinien nach der OP, die im Casa Guide kommuniziert werden:

Das Ruhen nach den OPs für 24 Stunden ist wichtig?

Ja sehr. Gerne noch lange danach.

Was ist zum Thema Anstrengungen zu sagen?

Anstrengung ist nicht ratsam. Es ist wie eine konzentrierte direkte Aufladung des Körpers, das braucht viel Ruhe und Zeit.

Was ist mit der Sonnenkraft nach einer OP?

Die Sonne ist Kraft und wer schon durch die OP stark beansprucht wird, braucht zunächst erst einmal Ruhe. Die Kraft der Sonne ist dann zuviel Energie für ein System, dass durch die OP schon viel Energie bekommen hat. Die OP ist sehr intensiv. Der eine oder andere könnte überlastet sein durch die Befeuerung der Energie der Sonne, die ja nicht nur aus Licht besteht, wie ihr es kennt.

Man sollte nicht in Gesellschaft vieler Menschen, sondern in Ruhe sein?

Die Reinigung braucht die Ruhe und dieser Prozess ist langwierig. Das Kommunizieren mit den Menschen kostet Kraft, also ist es nicht gut für den Heilungsprozess. Die Wesenheiten haben dazu schon viel gesagt, ich hoffe es kommt an, wie wichtig dieser Punkt ist.

Man soll für 24 Stunden nicht aus dem Haus gehen?

Ja, da geht es um die Ruhe und das Liegen ... manche Menschen brauchen lange, um aufzustehen und sich zu bewegen. Wir haben daher festgelegt, 24 Stunden generell liegen zu bleiben.*

Man darf einen Tag nicht in die Casa?

Das ist so, weil die Energien der Negativität hier aufgenommen werden und von den Lichtkugeln verwandelt werden, dennoch sind die Lichtkugeln nicht immer zur Stelle, wenn negative Felder sich bewegen, und daher ist es wichtig, dass ihr in dieser Zeit nicht in die Casa geht. Diese Energien könnten wieder in euren Feldern eine Wandlung hervorrufen.

Nur für mein Verständnis, ich dachte, die Energien werden von den Lichtkugeln direkt gewandelt, wie kann es dann passieren, dass dennoch die Gefahr besteht, dass sich negative Felder hier aufhalten? Ich dachte, sie sind sofort transformiert?

Es gibt Felder, die sind sehr hartnäckig und wollen wieder in die alte Form zurück, diese alten Energien sind es, die nicht positiv auf die Felder der Menschen einwirken.

Dann wäre es doch eigentlich sinnvoller, diese Menschen sich schwarz kleiden zu lassen?

Ja, aber das möchte ich nicht, da mit derartigen Kleidungen zu viel falsche Assoziation einhergeht.

Reicht denn der eine Tag Abstand von der Casa?

Das ist reine psychologische Zeit. Die Energien können sich hier nicht so lange aufhalten, doch die Menschen brauchen auch diese Zeit, um sich selbst wieder besser zu spüren und in sich hineinzuhorchen und sich zu fühlen. Daher ist es besser, sie bleiben einen ganzen Tag weg und haben dadurch auch keine Problematik mit den restlichen alten Energiefeldern hier.

Kein Sport und keine Anstrengung bis zu acht Tagen danach? Nur acht Tage?

Das ist eine symbolische Zahl, alles was mit 8 ist, ist mit Heilung verbunden. Es ist bei jedem unterschiedlich, wann die Heilung abgeschlossen ist, daher müssen die Menschen selbst mehr in sich hineinspüren, um die Heilungsimpulse besser zu verstehen. Die acht Tage sind aber schon eine schöne Richtlinie und geben dem Ganzen die richtige Form.

Keinen Sex?

Diese Energie hat hier nichts zu suchen.

Nun zur Revision nach den acht Tagen.
Warum sollte man dazu weiße Kleidung im Bett tragen?

Das ist nicht nötig, das ist nur eine Form, die den Menschen helfen soll, die Verbindung hierher zu finden, es braucht eine besondere Konzentration und die Menschen erlangen diese meistens am besten über derartig visuelle Unterstützung.

Warum das Glas Wasser neben dem Bett?

Die Energie, die wir verbinden, ist rein und wir brauchen dazu neue Energie. Dieses Wasser nimmt die reine Energie der Heilung auf und wenn die Menschen dieses Wasser trinken, ist dies eine Form von Energie, die sie aufnehmen.

Und dadurch gelangen die Menschen erneut zu Kraft?

Ja genau.

Warum Wasser?

Weil es am besten programmierbar ist.

Man soll dich bitten, die Fäden zu ziehen.

Das sind andere, ich bin dann schon dabei, die Seele weiter zu betreuen, insofern, dass ich beginne, die Energie weiter zu weiten.

Wer zieht dann die Fäden?

Die Lichtkugeln.

Was genau wird denn da gemacht? Werden denn wirklich Fäden gezogen?

Nein, es wird verbunden, die Energie der Menschen ist dann etwas höher und wir verbinden diese Energie erneut. Das Ganze ist erneut eine Art Reinigung.

Warum soll man das Gebet sprechen vor dem Trinken am Morgen?

Das weißt du ...
(Anm. d. Autorin: Bitte dazu das Kapitel „Beten und Wünschen in der Casa" lesen.)

Zum Thema *Kräuter* - Welche Aufgabe haben die aus deiner Sicht?

Die Kräuter sind verschiedene Produkte, die den Körper beruhigen sollen. Das ist ganz einfach nötig, um die Anspannung aus euch zu holen und diese Entspannung hilft, die Weite der Seele zu beschleunigen.

Warum darf man kein Schweinefleisch essen?

Das ist noch eine andere Sache, die rein energetisch ist. Die Schweine haben die Angewohnheit, viel Negatives zu essen. Das ist nun mal leider so in ihrer Genetik angelegt, sie selektieren nicht. Diese Negativität nehmen sie in ihr Fleisch auf, und diese bleibt dann dort erhalten. Das ist der Grund, warum ihr kein Schweinefleisch in dieser Zeit essen sollt, ihr nehmt mit dieser Nahrung die Negativität dieser Tiere auf.

Warum soll man keinen Alkohol trinken in dieser Zeit?

Das ist einfach zu beantworten, weil Alkohol die Wahrnehmung trübt, und wir wollen daran arbeiten, die Wahrnehmung zu klären.

Warum darf man keinen Pfeffer essen in dieser Zeit?

Auch diese Kräuter vernebeln die Wahrnehmung, daher ist es nicht ratsam.

Woher weißt Du das?

Ich sehe es.

Woran?

Die Menschen, die Derartiges essen und die derartig leben, haben eine verschmutzte Wahrnehmung.

Was ist mit dem gesegneten Wasser? Warum ist es gesegnet?

Die Energie des Ortes wird vom Wasser aufgenommen, daher ist es gesegnet, wie ihr sagt. Es ist in der Tat nur energetisiert. Das geht relativ schnell, doch meist sind die Flaschen hier mehrere Tage, daher sind sie in jedem Fall energetisiert.

Muss man das Wasser unbedingt mitnehmen, reicht es nicht, das Gebet in das Wasser zu sprechen?

Nein, die Energetik geht verloren, sowie ihr den Ort verlasst. Das ist genauso schnell wieder weg, wie es in das Wasser kam und es ist völlig richtig, den Menschen zu kommunizieren, dass sie mit den Gebeten das Wasser aufladen können.

Kann man zuhause jedes Wasser nehmen?

Ihr habt verschiedene Arten von Wasser, die Menschen sollen sich erkundigen, wo sie das reinste Wasser herbekommen, ohne Kohlendioxid und ohne Metalle.

Warum soll man eine ungerade Zahl nehmen bei den Kristallbetten?

Das ist eine Art Aberglaube von Joao, es hat nichts mit Energetik zu tun.

Sollen die Menschen mehrmals in Kristallbetten gehen?

Ja, die Reinigung der Chakren ist fester Bestandteil des Heilungsprozesses, daher ist jeder Tag, in dem die Menschen in Kristallbetten gehen, ein gewonnener Tag in dieser Heilung.

Warum sollte man barfuß vor das Dreieck in der Casa treten?

Das ist rein energetisch, weil man da besser verbunden mit der Erde beten und wünschen kann ... diese Kraft ist einfach stärker, wenn sie durch euch ganz hindurchfließt und nicht durch Schuhe.

Warum den Kopf in das Dreieck legen mit der Stirn auf den Boden?

Das ist eine symbolische Sache, die Berührung mit dem Kopf des Menschen mit dem Dreieck oder der Wand im Dreieck vermittelt nur, dass sie besser empfinden, dass sie es tun.

Was hat es mit dem Rosengebet auf sich?

Das Gebet ist sehr schön, da dabei wirklich schöne Energien freigesetzt werden. Diese Energien erzeugen wieder schöne Resonanzen, das ist ein schöner und nicht unwichtiger Prozess im ganzen Universum.

Warum soll man nach einer OP keine anderen Heilmethoden empfangen?

Die anderen Heilmethoden greifen in die Aura der Menschen ein. Da diese weit geöffnet ist, und es nie vorhersehbar ist, welcher Heiler welche Energien mit sich bringt, daher sagen wir, es ist am besten, konkret keinerlei andere Heilmethoden anwenden zu lassen.
Auch das Anrufen anderer Ebenen sollte unterlassen werden, da es den Heilungsprozess stört. Es ist wichtig, dass die Menschen ganz bei sich bleiben und in keine Glaubensmuster gehen in dieser Zeit.

Was gibt es zum *Wasserfall* zu sagen? Was genau ist die Bedeutung des Wasserfalls?

Der Wasserfall ist die symbolische Reinigung für die Menschen, doch finden sich dort auch Wesen, das hast du schon erfahren. Man kann den Wasserfall überwiegend zur mentalen Reinigung nutzen. Bitte beachtet dabei, die Wesenheiten eines jeweiligen Ortes können an diesem am besten heilen, daher ist es ratsam, dort die Wesenheiten anzurufen und nicht uns.

Kristallbett

Interview

Liebe Wesenheiten der Reinigung, ich möchte euch nun befragen zum Thema Kristallbetten. Was genau passiert da und was macht ihr dort? Ich bitte euch, mir darüber Auskunft zu geben.

> *Gerne.*

Dann bitte erzählt mir, was ihr im Kristallbett genau macht.

> *Wir reinigen die Chakren alle nacheinander, die unteren beginnend, dann immer weiter nach oben, bis wir im letzten Chakra oben angekommen sind, dann beleben wir die Seelenenergie mit einem letzten Impuls, und dann ist unsere Arbeit getan.*

Ist es das, was ihr immer macht?

> *Ja, das machen wir immer.*

Dann möchte ich gerne verstehen, wozu es diese Kristalle braucht und wozu die Farben?

> *Diese Kristalle beschleunigen unsere Möglichkeiten, in die Chakren zu gehen, das vereinfacht uns das Arbeiten.*

∞

Und was ist, wenn die Menschen woanders auf der Erde die Kristallbetten besuchen?

Das ist nicht weiter schlimm, denn die Kristalle reinigen auch auf ihre Weise. Das Ganze geschieht dann eben etwas langsamer.

Wie viele von euch sind denn dabei zugange?

Die meisten Menschen legen sich hin und sofort beginnen wir mit der Arbeit. Die Anzahl ist unbestimmt. Das kommt auf die Masse der Kräfte an, die wir bewegen müssen.

Das heißt, man muss sich das so vorstellen, dass dann ganz viele Kugeln um einen herum sind?

Ja.

Ich habe schon erlebt, dass ich, während ihr das gemacht habt, eingeschlafen bin. Woran liegt das?

Die Müdigkeit der Seele ist die Energie, die den Weg dieser Reinigung bestimmt.

Was meint ihr mit Müdigkeit der Seele?

Die Reinheit einer Seele ist bezeichnend für ihre Wachsamkeit. Und wenn ein Mensch sehr müde ist, dann schläft er schnell ein. Die Reinheit ist dann nicht so hoch.

Heißt das im Konkreten, je wacher man sich fühlt, umso reiner ist man?

Das ist richtig. Doch du musst unterscheiden, die Wachsamkeit ist nicht die Wachheit des Geistes in euch, die Wachsamkeit des Geistes ist der Verstand, die Wachsamkeit der Seele ist die Kraft der Seele.

Wieso fühle ich mich dann danach immer so ausgeglichen?

Das ist die Kraft deiner Seele, du spürst die Kraft in dir deutlicher.

Das heißt, die Anspannung meines Körpers überlappt diese Kraft nicht mehr?

Ja genau.

Im Vergleich zu den OPs, was ist der Unterschied zwischen eurer Arbeit hier und den OPs?

Die Reinigung in den Kristallbetten ist um ein Vielfaches sanfter, daher ist es für so manchen einfacher, diesen Weg zu gehen, da er im Prinzip die Geschwindigkeit eurer Geister hat und nicht in eine sehr schnelle Beschleunigung kommt.

Dann könnte man aber auch sagen, dass viele Kristallbettsitzungen wie eine OP wären?

Das kann man sagen, doch ist es nicht direkt vergleichbar, die Kristallbetten bereinigen nur die Chakren, die OPs gehen tief in die Seele hinein; das bedeutet, dass ihr in den OPs besser verbunden werden könnt mit eurer Seelenenergie als im Kristallbett. Dort ist es noch im körperlichen Bereich, durch die Chakren. Die Chakren sind nahe eurem Körper, die OPs, die in den Energieräumen stattfinden, wandeln die Energie der Seele.

Ich hatte von einem anderen Geistwesen gehört, dass ihr wie eine Art Pyramide seid, die in den für uns sichtbaren Himmel hineinragt, ist das richtig?

Ja, das ist richtig.

Und Dr. Augusto meinte, ihr seid auch in England zugange.

Das ist teilweise richtig, wir sind dort nicht an allen Orten, doch wir haben unsere Lieblingsorte auf der Erde.

Zum Beispiel?

Die Kathedrale von Cambridge und natürlich noch viele andere.

Seid ihr alle miteinander verbunden ... auch mit den Kugeln dort?

Was für eine Frage, ja, wir sind alle verbunden.

Habt ihr irgend eine Botschaft?

Die Kraft der Sonne ist noch viel besonderer, als ihr glaubt. Du kannst den Menschen mitteilen, dass die Energie aus ihr mehr ist als alles, was ihr wahrnehmen könnt. Diese Energie ist die Kraft der Quelle.

Herrscht dort eine Verbindung zur Quelle?

Die Sonne ist ein Vertreter für diese Kraft in visueller Form, das ist leichter für euch zu verstehen. Die Sonne ist in ihrer Schwingung nicht nur materiell. Die Energie, die in ihr erzeugt wird, ist auch feinstofflich; die Energie, die sie als Licht aussendet, ist materiell. Diese beiden Komponenten bewirken, dass ihr leben könnt.

Und was kann ich den Menschen mit auf den Weg geben?

Dass sie sich mit der Kraft der Sonne verbinden können, dann beschleunigen sie ihre Heilung um ein Vielfaches.

Ist es wichtig, dass das an einem derartig reinen Ort geschieht, oder ist das überall gleichwertig?

Es ist besser an einem reinen Ort, da die Felder der Kommunikation mit der feinstofflichen Sonne diesen Ort hier besser verbunden erreichen. Die Sonne ist zwar überall für euch sichtbar, doch nicht überall in ihrer Reinheit erreichbar.

Das heißt, feinstofflich ist sie am besten über einen reinen Ort erfahrbar.

Ja genau.

Was sagen wir den Menschen, wie sie die Sonne am besten erreichen?

Sie müssen sich nur auf ihre Kraft konzentrieren, nicht in die Sonne schauen, nicht in ihre Richtung schauen, es reicht, das Bewusstsein dorthin zu lenken.

∞

Geht das auch in einem geschlossenen Raum?

Das ist egal, wichtig ist die Reinheit der Örtlichkeit.

Das heißt, man verbindet sich mit dieser Kraft der Sonne.

Die Energie der Sonne beginnt, die feinstofflichen Körper in euch zu beleben.

Liebe weiße Kugeln, wie viele sind jetzt hier bei mir?

Du kannst uns nicht zählen.

Und arbeitet ihr auch an den Menschen, wenn sie hier sitzen und sich erholen?

Nein.

Also nur im Kristallbett und in den OPs?

Ja, die Reinigungen in den Kristallbetten und den OPS sind unsere Wirkungsfelder.

Es gibt die Info, dass die Menschen sich vor der Sonne geschützt haben nach einer OP, was habt ihr dazu zu sagen?

Das ist richtig, denn die feinstoffliche Energie der Sonne kann für so manchen sehr beschleunigend wirken, und das kann seine Energetik überfordern, das ist also sehr wichtig.
Wir sind die helfenden Hände, die die Bereiche neben den OP- Räu-

men bedienen, und wir helfen gerne.

Die Menschen können mit uns in Kontakt treten, wenn sie uns besser anrufen, daher ist es gut und richtig, dass du ihnen diese Informationen zukommen lässt. Die Menschen sollen lernen, dass sie uns mit ihrem Bewusstsein erreichen können und lernen, dass wir sie hören, immer!

Ist es wichtig, dass man die Bitte ausspricht, oder reicht es, wenn man sie denkt?

Es reicht das Anrufen in Gedanken. Die Kraft ist der ausschlaggebende Punkt, nicht das Wort.

Aber das würde ja bedeuten, dass ihr alle Gedanken der Menschen lesen könnt?

Das ist prinzipiell auch der Fall, aber wir kümmern uns nur um die Rufe der Menschen, nicht um ihre anderen Gedanken.

Also wenn sie sich noch mehr auf euch konzentrieren wird diese Verbindung gestärkt?

Ja genau.

Ich danke euch vielmals für diese schönen Auskünfte.

Wasserfall

Interview

Liebe Wesenheiten, ich bin jetzt hier am Wasserfall und möchte abfragen, was wir den Menschen mit auf den Weg geben können hier zu diesem Wasserfall, damit sie sich besser mit euch verbinden können?

Die Menschen müssen zu Beginn des Weges die Wesenheit der Liebe bitten, sie zu begleiten. Dieser Weg wird dann symbolisch der Weg der Liebe. Dann müssen die Menschen die Wesenheiten der Reinigung anrufen, am besten dort, wo ihr die Wartezone habt am Weg zum Wasserfall ... unten wo die Türe ist.

Was sollen sie beachten, wenn sie die Wesenheiten der Reinigung anrufen?

Die Energie dieses Ortes ist sehr rein ...
Die Menschen sollen bitten, dass die verschiedenen Schichten ihrer Aura und dadurch ihre Körper in eine besondere Reinigung involviert werden. Das ist dann der nächste Schritt.

Wie geht es dann weiter, wenn sie durch die Türe gehen?

Dort bitte dann die Wesenheit der Heilung anrufen. Die Wesenheiten sind alle immer hier, doch ihr könnt meist nur eine Wesenheit nacheinander anrufen.

Was passiert dann, wenn sie auf dem Weg sind und an die erste Brücke kommen?

Dort sollen sie stehen bleiben und innehalten. Die Energie der Menschen ist sehr an das Bewusstsein gekoppelt, daher ist es wichtig, dass sie bewusst werden und dabei das Vergangene reflektieren.

Dann gehen sie über die Brücke, sollen sie dort um etwas bitten?

Die Wesen der Wandlung sind hier auch schon bei ihnen, das bedeutet, dass sie um alles bitten können, was von diesen alten Energien gewandelt werden soll.

Dann nach der ersten Brücke, was ist dann?

Dann sind sie im nächsten Bereich. Dort wartet die Wesenheit der Verwandlung auf sie, das bedeutet nun, dass die Worte, die sie eben gesprochen haben, in diese Energetik tauchen.

Das heißt, alles, was soeben bewusst gemacht und ausgesprochen wurde, wird nun gewandelt.

Ja.

Sollen sie das Wesen der Verwandlung nun genau anrufen?

Ja ...
*Die Zeit des **Umziehens** können sie nutzen, um die Reflektion über die alten Dinge noch weiter wirken zu lassen.*

∞

Dann kommt der Weg nach unten zum Wasserfall ...

Hier sollten sie nun die Wesenheit der Wandlung bitten, die Worte, die gesprochen wurden, in ihre Balance zu bringen; die Worte sind noch mit Emotionen gefüllt, das heißt, sie müssen die Gefühle transformieren, um die Energie wandlungsfähig zu machen.

Dann ist man bei der zweiten Brücke, was geschieht dort?

Dort bitte die Wesenheit der Wiedergeburt rufen. Die Energie möchte hier neu geboren werden.

Es wurde kommuniziert, dass die Menschen sich auch hier an der Brücke bedanken sollen.

Das ist richtig, doch es ist auch wichtig, dass sie um neue Kraft bitten für die Zukunft ...

Dann stehen sie also an der Brücke, und jetzt bitten sie um die Wiedergeburt?

Ja.

Sollen sie sich die ganze Zeit auf ihre Worte und Gedanken konzentrieren?

Ja, dann bitte weitergehen über die Brücke und weiter in Gedanken bei diesen Wünschen bleiben, dann geht es weiter zur nächste Brücke.

∞

Dieser Weg bezeichnet was?

Das ist der Weg in die Kraft.

Wen oder was sollen sie da anrufen?

Dort niemanden, doch wenn sie an der nächsten Brücke angekommen sind, bitte die Wesenheit der Verbindung anrufen; das braucht etwas Zeit und daher ist es wichtig, dass ihr dort wirklich lange verweilt. Bitte einfach darum bitten, sich wieder verbinden zu lassen.

Dann gehen sie über die Brücke, während sie darum bitten, sich zu verbinden. Was folgt dann?

Dann geht es in den Wasserfall, dort warten verschiedene andere Wesenheiten auf die Menschen. Die Bitten der Menschen werden hier aufgenommen und verwandelt.

Was sollen sie hier tun? Wen sollen sie anrufen?

Die Kraft des Menschen entscheidet, wen er hier anrufen kann. Die beste Möglichkeit, alle zu erreichen, ist, alle nacheinander anzurufen.
Die Wesenheit der Liebe,
der Reinigung,
der Heilung,
der Verwandlung,
der Kraft,
der Verbindung.

Sind dort am Wasserfall Lichtkugeln?

Ja, wenige, aber es sind welche da.
Die Konzentration sollte aber bei den Wesenheiten liegen.

Kannst du mir ein Bild schicken, wie die Wesenheiten dort arbeiten am Wasserfall?

Die meisten dieser Kräfte sind ovale Lichtenergien, wie ihr es bezeichnen würdet.

Kann man sich hier auch mit Naturgeistern verbinden?

Das kann man, aber nicht jeder kann mit diesen Kräften umgehen.

Was sollen die Menschen diese Wesen bitten?

Die Menschen können jede Wesenheit um Heilung bitten, dann beginnen diese Prozesse in ihre Aura einzufließen.
Die Energiefelder werden über das Empfinden des fließenden Wassers in die Aura der Menschen injiziert.

Ist dieses Wasser ein besonderes Wasser?

Nein.

Ich bekam einmal die Info, dass dieser Wasserfall auch symbolisch für den Fluss des Lebens steht.

Ja, der Fluss ist die Energie, die stetig fließt, und wer damit verbunden ist, der ist verbunden mit allen Energien.

∞

Was sollen sich die Menschen vorstellen, wenn sie in das Wasser gehen?

Sie sollen sich vorstellen, wie das Wasser ihre Körper reinigt. Die Seele bleibt Teil davon und wird daher auch gereinigt.

Was möchtet ihr den Menschen noch mit auf den Weg geben?

Die Menschen sollten zum Ende der Anbetung und Anrufung hier das Kreuz vor dem Körper nach oben zeichnen, das verbindet sie.
Die Kraft der Reinigung ist die stärkste Kraft, die sie brauchen; die Kraft der Verwandlung ist die nächste, die sie brauchen; die Kraft der Liebe ist auch sehr wichtig, die Kraft der Heilung auch.
Diese Kräfte sind hier immerdar, die Menschen können sie rufen, wann immer sie wollen und sich diese Energien zu nutze machen.
Die Liebe ist der Weg. Alles, was sie hier in die Verwandlung geben, wird die Materie erreichen, alles hier wird transformiert.

Ich danke euch vielmals für die vielen Informationen, ich werde sie alle so weitergeben.

Wir danken dir auch.

Beten und Wünschen in der Casa

Anleitung

Hier eine kleine Anleitung zum Beten und Wünschen in der Casa. Nachdem mich mehrere Wesenheiten darauf hingewiesen haben, dass in der Kapelle eine sehr hochschwingende Energie ist, habe ich diese Anleitung mit ihrer Hilfe für das Beten in der Kapelle geschrieben:

1) Schreibe deinen Wunsch auf einen Zettel, versuche klare und deutliche Worte zu nutzen, die dein Ziel, deinen Wunsch einfach beschreiben.

2) Am Ende eines jeden Wunsches unterschreibe den Zettel mit dem Zeichen des Ausgleiches, der liegenden Acht.

3) Gehe in die Kapelle.

4) Stelle dich vor das Dreieck und nimm einen Zettel in die rechte Hand.

5) Verbinde in der linken Hand den Daumen und den Zeigefinger. Es entsteht ein Mudra. Halte dabei die Handfläche nach oben geöffnet, rechtwinklig auf der Höhe des Bauchnabels.

6) Lenke nun alle Aufmerksamkeit auf das Papier in deiner rechten Hand und beginne den Wunsch in Worte zu formen. Dabei beginnt

deine Wortenergie sich mit den geschriebenen Worten auf dem Papier zu verbinden. Achte bitte darauf, dass du im Einklang mit den kosmischen Gesetzen wünschst. Das ist vor allem daran zu erkennen, dass dein Wunsch niemand anderem schaden darf.

7) Nachdem du den Wunsch formuliert hast und spürst, dass die Verbindung zu dem Papier hergestellt ist, führe dies nun vor deinen Körper, in circa 30 bis 40 cm Abstand. Es ist hier zu unterscheiden:
a) ist der Wunsch ein Wunsch, der materielle Fülle bewirken soll, so gebe das Papier vor dein 3. Auge;
b) ist der Wunsch für die Fülle für andere befreundete Menschen, so halte ihn vor dein Herz;
c) ist der Wunsch für deine eigene Fülle, dann berühre mit dem Mund das Papier.

8) Fühle genau, was passiert, wenn du das Papier an der jeweiligen Stelle vor dir hältst. Es sollte ein starker energetischer Strom zu spüren sein. Hier wird die Verbindung gelegt, die die geschriebenen Worte mit den gesprochenen Worten in den energetischen Fluss bringt. Dort beginnt Materialisation. So entstehen Energiefelder, die nun beginnen Resonanzen zu verursachen. Die Energie arbeitet ab diesem Moment.

9) Wenn du spürst, dass der Moment gekommen ist, dass die Verbindung nun steht und alles seine Wege geht, lege den Zettel in das Dreieck.

10) Bedanke dich und gehe langsam rückwärts aus der Kapelle.

Wenn du mit Fotos arbeiten willst, so gehe auch diese einzeln durch wie oben beschrieben. Achte darauf, dass du hier das Papier vor dem Herzen hältst (wenn du für andere bittest). Sind es Wünsche für dich, dann berühre das Papier mit dem Mund

Kommentar von Chico Xavier:

Was geschieht, wenn man in der Kapelle wünscht und betet?

> *Die Energie in der Kapelle ist sehr rein, sie ist sehr verbunden mit unseren Energien. Das bewirkt, dass eure Worte direkt in unsere Ebene fließen. Wir können diese Energien daher besser wahrnehmen und in die Resonanzfelder geben.*

Aber ich hatte auch das Gefühl, dass es eine Verbindung aufbaute zu meinem Herzen und zu meinem 3. Auge. Wie ist das zu erklären?

> *Die Energien sind immer alle miteinander verbunden, das weißt du. Die Wünsche, die ihr dort formuliert, beginnen sich zu materialisieren.*

Also ist das wie eine Geburt eines Energiefeldes?

> *Ja und nein. Energie kannst du nicht gebären, aber du kannst sie formen und du kannst ihr Bewusstsein lenken. Es wird nichts neu geschaffen, sondern in eine neue Form gebracht; wie Worte, die aus dir entstehen, aber eben aus dir geformt werden. Die Energien kommen aus eurer Kraft und **werden** verbunden mit anderen Energien. Wie Knetmasse, die immer schon da war, doch nun mit deiner Kraft in eine Form gegeben wird. Aus einem anderen Teil erschaffst du eine andere Form, doch beide Formen*

waren und sind immer aus der gleichen Energie entstanden. Die Frage ist nicht, woher diese Energie kommt, denn die hat immer ihren Ursprung in der Quelle. Daher musst du vorsichtig sein, wenn du das Wort Geburt nimmst, die Energie wird nur geformt, sie wird nicht neu erschaffen.

Und aus welchen Komponenten genau entstehen diese Energiefelder?

Diese Energiefelder kommen aus der Energie, die ihr seid. Jeder lenkt einen Teil seiner Kraft und seiner Aufmerksamkeit dorthin und schickt diese Kraft dann in den feinstofflichen Bereich, um irgendwann einmal Materie zu formen. Es ist also eine Verbindung eurer Energie und der Energie des Kosmos. Die Kraft, die dann beginnt zu leben, ist eine neue Energieform, doch es ist dennoch Energie, die immer schon da war, wie eine Blume, die nur noch mehr Blätter bekommt. Das ist hoffentlich das richtige Beispiel.

Heißt das, jeder Mensch kreiert durch seine Wünsche Energiefelder?

Ja.

Und die Reinheit der Quelle kann diesen Prozess beschleunigen?

Ja genau, das ist der Grund, warum die Wünsche dort sehr gut realisiert werden können für uns. Das ist wie ein direkter Draht in unsere Ohren.

Heißt das, wenn ich euch alle zusammen als Gruppe erreichen will, dann ist das dort am leichtesten möglich?

∞

Ja.

Warum hat es sich manchmal mit dem Herzen verbunden und manchmal mit dem 3. Auge?

Die Wünsche, die die Herzenergie brauchen, werden in die Herzenergie gebracht; die Wünsche, die mehr die Materie brauchen, werden mit der Energie des 3. Auges gelenkt.

Was genau geschieht in dem Dreieck auf der Bühne im Saal im Vergleich zu dem Dreieck in der Kapelle?

Dort wird die Energie, die Du bist, mit der Energie dieser Menschen verbunden.

Was ist dann genau eure Arbeit in diesem Moment, wenn diese Verbindung hergestellt, oder verstärkt wird?

Während ihr dort sprecht, beginnt die Energie sich zu formen, und wir lenken dann diese Felder.

Also wenn ein Mensch dort betet und/oder Wünsche formuliert, ist das dann abhängig von seiner seelischen Kraft?

Nein, das ist es nicht, denn der Wunsch wird in jeder Hinsicht von uns aufgenommen und bearbeitet und gelenkt, doch die Seelen, die sehr kraftvoll sind, können natürlich mit ihrer Kraft noch mit dazu beitragen, dass dies besser geschieht.

Seht ihr die Menschen, wenn sie vor dem Dreieck stehen?

Wir sehen eure materielle Form nicht, doch wir spüren euch dort sehr.

Ich danke dir sehr für deine lieben Impulse.

Danke dir.

Nachwort

Vieles von dem, was wir glauben zu kennen, kann sich in der anderen Wahrnehmung ganz anders offenbaren. Doch wie werden wir wahrnehmen, wenn wir diese Form verlassen, um in eine andere zu wandeln? Wenn Verunreinigung durch die Kraft der Liebe gereinigt werden kann, dann hoffe ich, dass ihr erfahren habt, wie wichtig es ist, dass ihr in eurem Bewusstsein bleibt und eure Herzen öffnet. Jeder Moment zählt.

Die Reinheit und die unbestechliche Klarheit der Wesenheiten werden mir von nun an ein guter Lehrer sein, wenn die Menschen versuchen, sich in Ausreden zu verlieren, warum dies oder jenes noch nicht ausgeglichen ist.

Die Magie des Lebens besteht darin, die Liebe als eine Kraft anzuerkennen, die größer ist als alles, was wir je kannten und kennen werden, doch vor allem heilsamer als jedes Medikament aus Menschenhand. Wir ganz allein sind die Lenker unseres Schicksals, jeden Tag aufs Neue. Jeden Moment. Diese Eigenverantwortung ist die Prüfung unserer Seele, und wer sie erkannt hat, wird reichlich belohnt - mit Liebe, mit Fülle und mit Kraft. Nichts davon können wir mit Geld kaufen, da alles in uns steckt. Wir müssen es nur erkennen. Eine Heerschar an Helfern steht bereit, um uns auf diesem Weg zu begleiten - wir müssen sie nur rufen.

In Liebe und Verbundenheit
Sylvia Leifheit

PS: Ich möchte dieses Werk lebendig halten, daher bitte ich Euch, mir zu schreiben - sollte ich noch Fragen vergessen haben. Ich werde diese in der nächsten Auflage beantworten lassen: contact@silverline-publishing.com

Weitere Werke von Sylvia Leifheit:

Sylvia Leifheit
Das 1x1 des Seins
Fachbuch
Verlag: Trinity-Verlag
Sprache: Deutsch
gebundene Ausgabe, 384 Seiten;
24,4 x 18,4 cm
ISBN-13: 978-3941837478

Digitale Ausgabe (E-Book):
ISBN: 978-9962-702-10-8

Wer bin ich wirklich? Woher komme ich und wohin gehe ich, wenn ich sterbe? Was ist Bewusstsein? Wer Antworten auf die ewigen Fragen des Seins sucht, wird hier durch den der Autorin gegebenen Zugang zu feinstofflichem Wissen langsam und intensiv in die Geheimnisse des Kosmos eingeweiht. In ihrem Erstlingswerk stellt Sylvia Leifheit die verschiedenen Welten und Wesenheiten vor und zeigt, wie wichtig dabei die Eigenverantwortung als die Essenz aller Lehren im Kosmos ist. Sie streift dabei eine neue Sicht auf das alte Kybalion und konzentriert alle Botschaften in einer Neuinterpretation der Zehn Gebote Eine Auswahl energetischer Gemälde vermittelt auch auf der nonverbalen Ebene geistiges Wissen.

Sylvia Leifheit
JAVAH
Roman
Verlag: Silverline Publishing
Sprache: Deutsch
Paperback und gebundene Ausgabe, 312 Seiten;
18,5 x 13,3 cm
ISBN: 978-9962-702-01-6

Digitale Ausgabe (E-Book):
ISBN: 978-9962-702-03-0

Javah erzählt uns in ihrer Geschichte durch viele Leben hindurch, wie die Magie des Lebens lange schon Teil der eigentlichen Wahrheit des Seins ist. Sie nimmt uns mit auf eine Reise durch viele Erfahrungen in unterschiedlichen Ländern zu unterschiedlichen Zeiten auf der Erde und zeigt uns dabei, wie das Wissen in ihr immer weiterlebt. Im 1. Teil entführt sie uns in ihre Welt in das alte Ägypten, vor 12.000 Jahren.
Ein spannender Roman, der nicht nur einfach eine Geschichte erzählt, sondern dabei eine Einweihung in altes Wissen vollzieht.
Mit diesem ersten Teil beginnt die Buchreihe.

Interview mit dem Seelenlehrer Freund der Indianer:

Sylvia Leifheit's Gabe besteht darin, mit kosmischen Energien, die sich als „Persönlichkeiten" zu erkennen geben, in Kontakt zu treten.
In diesen Interviews werden Einblicke in die kosmischen Gesetze von den Wesenheiten an die Menschheit übermittelt.

In dem Buch „Interview mit dem Seelenlehrer Freund der Indianer" übermittelt Sylvia Leifheit die „Seelenlehren" einer geistigen Energie, die in vielen Reinkarnationen Wissen gesammelt hat und diese Erfahrungen als Lebenshilfe weitergeben will.

Freund der Indianer spricht in abgeschlossenen Kapiteln über den „Zustand der Menschheit", die „Befreiung der Seele", „Weisheit und Eigenverantwortung" „Einweihung" und weitere Aspekte der seelischen Entfaltung im Kosmos.

Darüber hinaus widmet sich Freund der Indianer aber auch in einem Teil des Buches den praktischen Fragen des Menschen und behandelt Fragen zu: „Arbeit und Beruf", „Verwirklichung in der Familie", „Geburt" und „Übergang".

Durch die Form des Gespräches, das Sylvia Leifheit mit Freund der Indianer persönlich und von menschlicher Neugier getragen führt, erlebt der Leser die Erkenntnis: Wir sind nicht allein. Wir sind verbunden mit den Kräften des Kosmos. Und wir können mit ihnen kommunizieren.

Dieses Buch ist der Beweis.

Sylvia Leifheit
Interviews mit dem Seelenlehrer
Freund der Indianer
Fachbuch
Verlag: Silverline Publishing
Erschienen in: deutsch und englisch
gebundene Ausgabe, 496 Seiten; 21 x 14,8 cm
ISBN: 978-9962-702-15-3

Digitale Ausgabe (E-Book):
ISBN: 978-9962-702-16-0

Weitere Werke aus dem Silverline Verlag:

Gabriel Barylli
Wahrheit
Roman
Verlag: Silverline Publishing
Erschienen in: deutsch
gebundene Ausgabe, 292 Seiten;
13,5 x 21,5 cm
ISBN: 978-9962-702-11-5

Digitale Ausgabe (E-Book):
ISBN: 978-9962-702-02-3

„Mit WAHRHEIT beendet Gabriel Barylli nach „PARADIES" und „BEGINN" seine „Trilogie der Wahrheit".
Alle Religionen behandeln Frauen als Wesen zweiter Klasse ... Das ist die WAHRHEIT! Alle Religionen haben die Abgrenzung zu anderen Religionen in ihren Lehrsätzen ... Das ist die WAHRHEIT! Im Namen Gottes wird seit Jahrtausenden gemordet und vergewaltigt. Dieser Wahnsinn ist Die WAHRHEIT! Die Menschheit steht vor der grössten Prüfung ihrer Geschichte: Werden wir es schaffen die einzige Religion in unser Leben zu rufen die uns aus allen Verirrungen der Macht herausführt?!
Diese Religion besteht aus einem einzigen Wort: L I E B E!
Das ist die Wahrheit ...

„Es gibt keine Grenzen, außer die unserer Wahrnehmung."
Sylvia Leifheit

www.ingramcontent.com/pod-product-compliance
Lightning Source LLC
Chambersburg PA
CBHW021135230426
43667CB00005B/126